CONSOLATIONS

AUX

FAMILLES DES MORTS

DE NOS ARMÉES FRANÇAISES

ET EN GÉNÉRAL A TOUTES LES FAMILLES EN DEUIL,

PAR

M. l'abbé G. ROUQUETTE,

PRÉDICATEUR,

CHANOINE HONORAIRE DE BORDEAUX, MEMBRE DE L'INSTITUT HISTORIQUE
DE FRANCE, ETC., ETC.

BORDEAUX,
DE LAPORTE, ÉDITEUR,
LIBRAIRIE CENTRALE,
8, ALLÉES DE TOURNY, 8.
—
1871

BIBLIOTHÈQUE DES FAMILLES CHRÉTIENNES.

Ouvrages de M. l'abbé Rouquette.

LA PIÉTÉ ET LE MONDE. Première retraite des dames, conciliation entre les obligations de la vie sociale et les pratiques de la vie chrétienne. 1 vol. 2ᵉ édition.

LE CLOITRE DANS LE MONDE. Seconde retraite des dames. 1 vol. 2ᵉ édition.

L'EUCHARISTIE EST LA VIE DU MONDE. Conférences dogmatiques et morales. 1 vol. 2ᵉ édition.

SAINTE CLOTILDE ET SON SIÈCLE. 1 fort beau vol. 2ᵉ édition.

SAINTE GERMAINE COUSIN. Sa vie, le livre de son Imitation, Neuvaine, etc. 1 vol.

LA SERVANTE CHRÉTIENNE, ou le Livre de la domestique parfaite. 1 vol. 2ᵉ édition.

LE JOURNAL DES SAINTS, du P. Grosez, renfermant, pour chaque jour de l'année, une Vie de saint, une Méditation, des Pratiques et des Maximes pieuses, l'Oraison du saint; retouché par M. l'abbé Rouquette. 2 vol.

POUR PARAITRE TRÈS-PROCHAINEMENT :

LE BON CURÉ. VIE DE M. JOSEPH-AUGUSTE PIÉCHAUD, archiprêtre de la Métropole de Toulouse. 1 vol.

UNE FLEUR DE ROME. VIE DE SAINTE AGNÈS, composée à l'aide de documents recueillis aux lieux de son martyre. 1 vol.

L'ADORATION PERPÉTUELLE DU TRÈS-SAINT SACREMENT. Programme complet et formules inédites, renfermant, en outre de toutes les prières liturgiques : 1° une Méditation ; 2° une Lecture ; 3° une Visite au saint Sacrement ; 4° un Sermon pour les trois jours que dure l'adoration ; plus les Exercices préparatoires de la veille. 1 vol.

MÉLANGES ET DISCOURS SUR DIVERS OBJETS PRATIQUES. 2 vol.

BROCHURES :

CONFÉRENCE SUR LA VOCATION, prononcée au petit séminaire d'Orléans.

LE CONCILE ŒCUMÉNIQUE ET L'ESPRIT MODERNE.

PANÉGYRIQUE DE SAINTE CLOTILDE.

PANÉGYRIQUE DE SAINT VINCENT DE PAUL.

PANÉGYRIQUE DE SAINT BONAVENTURE.

PANÉGYRIQUE DE SAINT JOSEPH.

DISCOURS POUR LA POSE DE LA 1ʳᵉ PIERRE D'UNE ÉGLISE.

PÈRE HYACINTHE, VOUS VOUS ÊTES TROMPÉ.

LA QUESTION DES ORPHELINATS AGRICOLES.

Ces brochures sont à 50 centimes chacune.

Adresser les demandes au secrétaire de l'Auteur, à Paris, rue Casimir-Périer, 31 ; à Toulouse, rue Clémence-Isaure, 7 ; chez M. de Laporte, libraire Centrale, allées de Tourny, à Bordeaux.

CONSOLATIONS

AUX

FAMILLES DES MORTS

DE NOS ARMÉES FRANÇAISES.

CONSOLATIONS
AUX
FAMILLES DES MORTS

DE NOS ARMÉES FRANÇAISES

ET EN GÉNÉRAL A TOUTES LES FAMILLES EN DEUIL,

PAR

M. l'abbé G. ROUQUETTE,

PRÉDICATEUR,

CHANOINE HONORAIRE DE BORDEAUX, MEMBRE DE L'INSTITUT HISTORIQUE DE FRANCE, ETC., ETC.

BORDEAUX,
DE LAPORTE, ÉDITEUR,
LIBRAIRIE CENTRALE,
8, ALLÉES DE TOURNY, 8.

1871

CONSOLATIONS

AUX

FAMILLES DES MORTS

DE NOS ARMÉES FRANÇAISES.

I

Les morts en 1870.

Depuis longtemps, je voulais écrire un livre sur *les morts*. Ils occupent une si large et si sainte place dans le cœur des vivants! il y a tant à faire pour la morale et pour la religion, pour la gloire de Dieu, la consolation et le salut des âmes, en instruisant sur cette matière toujours ancienne, hélas! et toujours nouvelle!

Je ne renvoie pas à plus tard l'accomplissement

de mon dessein : l'occasion est tristement propice.

Le 2 *novembre* sera pendant plusieurs années la solennité religieuse par excellence. Il y aura eu tant de morts en 1870!...

L'épidémie a commencé, et depuis plus de dix mois elle promène ses ravages dans la France entière.

La guerre, la plus affreuse guerre qu'on ait jamais vue, sévit à la frontière, que dis-je? sur notre propre territoire. Nous ne savons pas jusqu'à quel point elle sera *longue*; mais elle est déjà terrible, plus terrible qu'on n'eût pu se la figurer, même en sachant à quel peuple de ravageurs nous avons à faire.

Le nombre des morts de notre chère France sera doublé, triplé, quadruplé, qui peut savoir? Notre patrie en sera bientôt réduite à cet affreux état de l'Egypte, quand l'ange exterminateur frappa le premier-né de chaque famille : « Il n'y avait pas un foyer, » dit l'Ecriture, « pas une maison dans laquelle ne fût couché son mort! »

Et après la guerre? — quand même elle se terminerait demain, — savons-nous ce qui va suivre?...

La France est transformée en une vaste ambulance, en un immense cimetière...

Pendant que les sœurs de charité soignent les blessés sur les champs de bataille, pendant que les prêtres qui ont eu la chance d'être appelés ou admis à ce noble devoir portent aux mourants les suprêmes secours de leur ministère, pendant que des myriades de mains, instruments de nobles cœurs, font de la charpie destinée aux membres déchirés ou amputés, recueillons-nous dans la pensée de ceux qui demeurent et qui seront désormais si profondément et si légitimement attristés.

Les mères demeurées sans enfants, hélas! et peut-être, et à coup sûr, les enfants qui auront perdu leurs pères, les épouses laissées veuves, les sœurs qui n'ont plus de frères, tout ce peuple de désolés et de meurtris est bien digne de fixer la commisération religieuse, la piété fraternelle, la tendresse sacerdotale.

Faisons de la charpie pour les cœurs blessés, pour les âmes déchirées.

J'écris ces pages au bruit de la canonnade et des mitrailleuses qui fauchent les hommes comme on fauche les blés mûrs. Je me recueille après la lecture de chaque journal, de chaque ordre du jour ou de chaque dépêche, qui, en nous annonçant une action, — je n'ose pas dire une victoire, — nous signale les milliers de soldats qu'elle nous a coûtés (1).

Jamais livre, s'adressant à une classe particulière de personnes, n'eut une destination plus générale : on devrait le tirer à cent mille exemplaires, s'il était bien fait et s'il était connu...

Quelque nombreux que soient déjà les ouvrages théologiques ou pieux sur cet objet, celui-ci a une raison d'être trop malheureusement indiscutable, une opportunité immense comme la vie, universelle comme la mort!

Je n'ai avec moi ni ma bibliothèque ni mes manuscrits : je ne le regrette pas. Après trente années d'études et d'expériences, nous avons tous un bagage d'idées, de souvenirs, d'impressions qui ne nous quitte plus. Nous puisons dans notre propre cœur comme dans une source qui ne tarit pas; et

---

(1) J'écris après les hontes incompréhensibles de Sedan, les gloires continuées de Strasbourg et les mystérieuses défaillances de Metz.

lorsqu'une idée est assez importante pour nous dominer, pour nous absorber, tout ce que nous possédons de connaissances, tout ce que nous avons de moyens intellectuels converge à cette idée et vient en aide à sa réalisation.

Dans ce vaste conflit, dans ce duel gigantesque de deux nations qui ébranlera les dynasties et révolutionnera l'Europe, ce qui me frappe, ce qui me domine, ce qui m'absorbe, ce sont les morts et plus encore les survivants affectueux que la tristesse doit accabler, à raison même de leur affection.

Ce livre, qui avait sa raison d'être il y a six mois ou il y a dix ans, je le dédie d'une manière toute particulière à ceux qui portent le deuil plus récent de quelqu'un de nos valeureux soldats des armées françaises.

Je leur proposerai d'abord quelques réflexions qui soient de nature à adoucir leur chagrin. Je leur signalerai quelques œuvres qui puissent imprimer à ce chagrin même le caractère qui le doit honorer le plus : la fécondité, l'utilité applicable à ceux qu'ils ont aimés et qu'ils aiment encore après les avoir perdus.

Consolations aux vivants, *œuvres* pour les morts, toute l'économie de cet ouvrage est en ces deux mots.

Il faudrait l'écrire avec la plume d'un génie trempée dans le cœur d'un saint. Je l'écrirai du moins avec la plume d'un prêtre s'inspirant du cœur d'une mère.

Août 1870.

P. S. — J'avais daté cette première page après Sarrebrück et Gravelotte ; mais avant que je trace la dernière, Strasbourg, Metz, Verdun, Orléans et Paris ont vu les hordes barbares et leurs bombes incendiaires. La Loire et la Seine ont été ensanglantées à l'égal de la Moselle et du Rhin! Je laisse de côté les désastres qui firent échec à l'honneur et à la fidélité française. Je ne m'occupe que des malheurs qui se mesurent au nombre des vies perdues.

C'est par trois cent mille qu'il les faut maintenant compter. Cela suppose déjà un million de familles en deuil.

Que Dieu sauve les fils et console les mères!

Décembre 1870.

II

Exposition.

Ceci n'est ni un livre de philosophie, ni un livre de théologie, ni un livre de piété ; je veux dire d'une manière *exclusive*, car la philosophie, la théologie et la piété doivent faire tout le fond de ces considérations.

Sans leur avoir donné une forme didactique, qui supprime toujours à l'inspiration une partie de sa liberté, j'ai dû cependant observer un ordre progressif, une marche ascendante.

Les premières se rapportent à un ordre d'idées plus particulièrement humain quoique profondément moral, religieux même ; car l'homme est religieux autant que raisonnable, par sa nature.

Mais bientôt je suis entré dans la doctrine catholique, et c'est surtout là que je me suis trouvé sur mon véritable terrain. Il n'y a de consolation qu'en Dieu et dans les choses de Dieu.

J'ai donc exposé, sous des titres plus ou moins poétiques, tous les dogmes sur lesquels repose cette dévotion humaine, ce culte naturel des morts : l'immortalité de l'âme et la résurrection des corps, la communion des saints et la vie éternelle, le purgatoire et le ciel.

J'ai expliqué les pratiques plus propices à cette dévotion et à ce culte : la prière et l'aumône, le saint sacrifice de la messe et l'invocation de la très-sainte Vierge, la communion eucharistique et les indulgences.

Ainsi nous sont apparus successivement : 1° les enseignements de la foi ; 2° les clartés de l'espérance ; 3° les trésors de la charité envers Dieu, envers nos frères, envers nous-mêmes.

Ce très-court préambule rendra presque symétrique ce qui, sans lui, aurait pu paraître insuffisamment coordonné.

Et maintenant, âmes attristées, daignez prendre ce livre et le lire. Si quelque vérité vous frappe particulièrement, posez le livre et méditez.

Accordez-lui l'attention qu'on doit à une chose sérieuse, la sympathie qu'on doit à une chose bonne.

Et fasse le *Dieu de toute consolation* qu'il obtienne auprès de vous le seul succès que mon âme ambitionne. Ce succès est tout entier dans la recommandation du grand apôtre : *Consolez-vous, consolez-vous réciproquement dans ces paroles!*

III

Consolation.

Consolation : Cette parole est-elle admissible devant la mort d'un fils, d'un époux? Non; car le sentiment qu'elle exprime est *impossible :* il y a des douleurs dont on ne peut pas, dont on ne veut pas être *consolé.*

« Rachel n'a pas voulu être consolée quand elle eut perdu ses enfants, parce qu'ils n'étaient plus ! » Elle avait raison. Le seul moyen de la consoler eût été de les lui rendre.

On a coutume de dire : « Il y a remède à tout, excepté à la mort. » Cette parole est juste. Les plus grandes pertes ne sont rien à côté de la mort de ceux qu'on aime. On refait une fortune perdue, ou, mieux encore, on s'en passe. Méconnu et calomnié, on attend une justification ou l'on se renferme dans sa conscience. Prisonnier, on espère la liberté, ou, au besoin, on se résigne à mourir dans les fers ; mais les chers nôtres, qui les remplacera ? Personne.

Ce serait une erreur de juger du prix de la vie d'autrui par le prix de la nôtre.

Pour soi-même, on dit bien : Mille fois la mort plutôt que certains abaissements, que certaines conditions de souffrance... Mais la vie des siens, on l'apprécie au-dessus de tout. Le seul déshonneur de ceux que l'on aime pourrait nous porter à préférer leur mort. Quand le soldat aura péri plutôt que de faillir, quand il sera mort en faisant sauter une citadelle qu'il ne voulait pas livrer à l'ennemi, sa mère ou sa femme le regretteront-elles moins ? Non ; elles seront *fières* de lui, mais elles ne seront pas *consolées*.

Le *cri de vertu* le plus énergique qui soit jamais sorti d'une âme humaine est celui-ci : « Beau et doux fils de moi, vous savez combien je vous aime ; mais j'aimerais mieux vous voir mort à mes pieds que de vous savoir entasché d'un seul péché mortel ! »

Le seul amour de Dieu au degré le plus éminent peut vaincre à ce point l'amour maternel humain en le transfigurant !

Et encore : cela veut-il dire que Blanche de Castille, après avoir sacrifié son fils au triomphe de la vertu, n'aurait pas versé sur lui ces larmes que l'Ecriture sainte appelle *irrémédiables* parce qu'elles sont maternelles ? Oh ! non ; elle l'aurait doublement pleuré : d'abord parce qu'il serait mort, et ensuite parce qu'il n'aurait pas fait son devoir.

Donc, il ne faut jamais prétendre à produire une *consolation* absolue quand on traite avec certaines douleurs ; car ce serait d'avance les déclarer banales. Mieux vaut reconnaître qu'on ne les vaincra jamais... Mieux vaut aspirer à les entretenir saintement dans un état de calme, d'apaisement, qui commence par un mouvement philosophique et aboutisse à une résignation chrétienne.

Ecrivant pour tous, je ne dirai pas à la première page des choses qui pourraient être à peine comprises de quelques-uns.

Heureuses les âmes qui savent saisir le crucifix au premier instant où la douleur les abat : elles se relèvent sur l'heure, en s'appuyant contre la croix.

Mais il y a des âmes, il y a des mères qui ne savent découvrir cette consolation qu'à la dernière page du livre de leur angoisse.

Leur douleur irritée ne voulait pas même qu'on lui parlât d'espérance aux premiers instants... La douleur violente est une vraie folie, digne d'être respectée... Il faut être bien discret avec les êtres malheureux, leur parler peu et à propos... Un religieux silence, un regard, une poignée de main, sont bien autrement éloquents que de longs discours.

Un ancien a dit : « Les grandes angoisses se taisent; les seules légères parlent (1). » Cela dépend beaucoup de la nature de chacun de nous; or chacun a la sienne.

Mais, d'une manière générale, on peut dire que les *douleurs* les plus silencieuses, les plus renfermées en leur objet, *aiment en parler* et sont encore heureuses qu'on leur en parle. Veuves et orphe-

---

(1) *Curæ leves loquuntur, ingentes stupent.*

lins n'acceptent de relations intimes, n'admettent de conversations amicales qu'à la condition de placer entre leurs amis et eux leur cher mort, comme un lien invisible mais réel. C'est quelquefois un péril, une tentation d'erreur ; car tous ceux qui nous parlent de notre deuil et de nos morts ne sont pas toujours sincères; plusieurs, au contraire, cherchent à les supplanter, à usurper en notre cœur une place qui doit à jamais demeurer vide.

Mais enfin, d'une manière générale encore, après les premiers accablements, quand la douleur consent à écouter qui lui parle, quand elle se décide à répondre, quand elle perd un peu de sa respectable sauvagerie, de son vénérable égoïsme, un ami discret et expérimenté peut alors venir à point.

Êtres affligés par ces trépas si multipliés, je souhaite que mon livre vous soit cet ami officieux, prudent, utile.

Je n'aspire pas à vous séparer complétement d'une tristesse que vous voulez emporter jusqu'à la tombe; car je vous loue de sentir ainsi...

Mais vous savez bien que les plus cruelles douleurs ont des péripéties providentielles durant lesquelles elles sont moins senties, quoiqu'elles ne soient pas moins réelles. Dieu agissait sagement quand il nous fit ainsi ; car qui aurait pu résister, si toutes les journées ou toutes les années eussent ressemblé à celles où notre deuil commença?

Les mères ont encore des devoirs, quand elles ont perdu un fils : la vie, désormais plus pénible, est pour elles une obligation peut-être plus essentielle que précédemment. Elles se doivent à leur époux, à leurs autres enfants, à la société.

« Conservez-vous pour les vôtres, si vous ne tenez plus à la vie pour vous-mêmes, » leur avons-nous dit souvent; et c'était peut-être la consolation la plus supérieure, la plus efficace.

Frères et sœurs accablés, puissé-je vous rencontrer à ce moment propice où les leçons de la tombe ont leur opportunité, où entendre parler discrètement des nôtres nous fait un peu de bien, le seul bien que nous puissions accepter. C'est mon vœu, mon espérance, et, si j'y réussis, ce sera mon bonheur.

IV

La vie et la mort.

Quand un être est aux prises avec une grande douleur, les consolations purement philosophiques sont peu nombreuses, et surtout elles sont *courtes*, inégales au but qu'elles veulent atteindre.

« Nous sommes condamnés à la mort, nous et nos œuvres (1), » disent emphatiquement quelques-uns; « aucune civilisation, aucun progrès humain ne trouveront jamais à cette obligation la plus passagère dispense : il faut s'y résigner. » Quel langage froid, peu touchant! Il irrite presque, au lieu de consoler.

(1) *Debemur morti nos nostraque.*

Le fleuve de la vie a été empoisonné dans sa source, et le poison a été assez subtil, assez puissant pour donner la mort à quiconque viendra se désaltérer dans son cours. « Qui nous engendre nous tue, » dit Bossuet dans son mâle langage.

« Le pauvre, en sa cabane, où le chaume le couvre,
　　Est sujet à ses lois,
Et la garde qui veille aux barrières du Louvre
　　N'en défend pas les rois! »

Insuffisante consolation que celle qui résulte de cette universelle nécessité; car la nature a horreur de la mort pour nous-mêmes, et l'amour a horreur de la mort pour ceux que nous aimons. Et pourtant, c'est celle-là que donne le meilleur monde, le monde des amis. Ils répètent au père qui vient de perdre son fils ou sa fille la strophe de Malherbe à Duperrier :

« Mais *elle* était du monde où les plus belles choses
　　Ont le pire destin;
Et, Rose, elle a vécu ce que vivent les roses:
　　L'espace d'un matin! »

Et cependant les lois de la nature ne semblaient

pas devoir exiger que le fils meure avant le père : l'époque de la virilité humaine ou même celle de la jeunesse ne paraissaient pas plus devoir être l'époque de la mort que le berceau ne devait être voisin de la tombe.

Le deuil qui a pour objet des pères et des mères, des aïeux surtout, est chose facile à comprendre : « J'étais jeune, » disent-ils ; « j'ai maintenant vieilli, et mes cheveux blancs s'en vont à la tombe ! »

Que les enfants perdent leurs parents, c'est naturel autant que douloureux ; mais que les mères portent le deuil de leurs enfants, c'est une anomalie.

Or, quand on étudie pratiquement sur les registres de l'état civil ce qu'on pourrait appeler *la loi des âges*, on se convainc que cette loi n'existe pas.

Le premier homme qui mourut s'appelait Abel ; et, comme si la mort n'eût pas été assez affreuse d'elle-même, elle fit sa première apparition dans le monde sous la forme d'un assassinat ; la première tombe qu'elle creusa fut dans le cœur d'une mère.

Etant donnée la limite moyenne de la vie, le nombre de ceux qui meurent avant d'avoir atteint cette limite n'est-il pas supérieur au nombre de ceux qui la dépassent? Question de pure statistique, dont la solution a très-peu d'importance pour les cœurs affligés! Ce qu'il y a de certain, c'est que ce faucheur qui s'appelle la Mort ne choisit pas que les épis mûrs : il couche le blé en herbe; sa cognée frappe indistinctement et pour ainsi dire aveuglément sur les arbustes et sur les vieux chênes ; que dis-je? les plus tendres victimes lui semblent parfois les plus recherchées ; *le massacre des innocents* est son jeu le plus habituel.

Il y a des âges requis pour les diverses phases de la vie : on n'est pas un homme ou une femme avant d'avoir vécu un certain nombre d'années. Il n'y a point d'âge pour la mort; ou plutôt tous les âges lui sont bons, tous lui appartiennent.

On passe vingt ans à acquérir des membres robustes, à savoir penser, parler, sentir, aimer, agir, à apprendre à vivre, enfin !

Et puis, il suffit d'un jour, d'une heure, d'un instant pour tout renverser, pour tout détruire!...

N'ajoutons pas pour tout *anéantir;* car, bien que ces considérations soient tout simplement philosophiques, la saine philosophie repousse l'opinion des matérialistes. Dans tous les pays, elle a flétri comme insensée et injurieuse à l'humanité l'opinion de ceux qui disent : *Quand je mourrai, tout sera mort.*

Quelque infirmes que soient les consolations dont elle dispose, la philosophie peut donc servir d'éclaireur au catholicisme.

L'expérience purement humaine vient à son secours, et une certaine force morale peut bien jaillir des leçons qu'elle nous donne.

Etant données les douloureuses habitudes que la mort a faites à l'humanité, les certitudes et les incertitudes dont elle nous enveloppe, il semblerait que chacun de nous doit être constamment sur le qui-vive, pour les êtres aimés bien plus encore que pour soi-même.

La mort a des sauvageries incessantes, universelles.

La vie domestique, la vie sociale, la vie enfin sous toutes ses formes et sous tous ses aspects serait impossible du moment où l'on se laisserait envahir par la pensée de la mort : ce n'est pas la peine de se donner tant de mal ; ce n'est presque pas la peine de vivre pour mourir ainsi.

C'est beaucoup moins la peine d'élever des enfants aussi laborieusement, après les avoir mis au monde au milieu de tant de douleurs, pour multiplier les tombes au cimetière et dans le cœur des parents...

C'est vrai, c'est vrai! Heureusement la Providence a donné à l'homme ainsi condamné l'instinct des diversions conservatrices, le génie des distractions nécessaires.

De salutaires illusions nous envahissent malgré nous, ou tout au moins à notre insu. Nous tenons à la vie par toutes les fibres de notre être, à notre propre vie et à celle des êtres que nous aimons. A l'heure même où nous nous sentons, par quelque brisement de liens anciens, détachés de ce monde jusqu'au mépris, nous nous y sentons rattachés, par quelques liens nouveaux et plus vivaces, jusqu'à la lutte, jusqu'au martyre quotidien, jusqu'à affronter la mort dans l'unique but de défendre cette vie!

Suivez ces attraits désormais : ils sont dignes de votre désintéressement, ils sont dignes de votre douleur et de votre deuil.

On ne comprendrait plus que vous fussiez attaché à la vie pour vous-même : la meilleure philosophie vous exhorte à y tenir pour les vôtres, pour vos autres enfants, pour votre époux ou votre épouse, pour ceux qui restent enfin.

Rien ne vaut désormais *pour vous* la peine de quelque chose.

La moindre des choses peut de votre part valoir la peine de tout *pour autrui*, pour les vôtres.

Ce désintéressement, cet oubli de vous-même, qui vous fait négliger jusqu'à votre propre douleur, ce sacrifice qui vous ramène au goût de la vie, vous seront d'une grande consolation. Cela créera en vous une paix intérieure qui est la fidèle récompense de nos générosités et de nos abnégations.

Les êtres frustrés auxquels je m'adresse ont goûté ces satisfactions intimes, ces bonheurs sereins : ils ont aimé leur frère, leur époux, leur fils, leur mère... et ils aimaient la vie à cause d'eux ! Aussi, ce qui leur fit le plus de bien autrefois est maintenant ce qui les torture davantage.

On regrette les siens parce qu'on n'a plus à se donner à eux : le poids le plus lourd à porter, c'est un amour désormais inutile, impuissant, stérile, sans aucun objet, un amour qui n'a plus rien à faire qu'à se laisser mourir. Ceux-là sont surtout à plaindre à qui il ne reste plus personne.

Je me souviens qu'il y a trente ans j'assistais au convoi d'une jeune fille qui, quelques jours auparavant, faisait l'admiration de toute la contrée par sa beauté et plus encore par ses vertus. C'était dans un petit village, où tout le monde se connaissait, et la famille en deuil était la plus considérable. La mère accompagna durant une heure ce cercueil, à pied, à pas lents; elle assista, navrée, à cette longue et lugubre cérémonie des funérailles. On la jugeait exténuée; elle devait l'être, et les amis de la maison la conjuraient de se ménager un peu : « J'avais quatre enfants, » répondit-elle; « je les ai successivement perdus. Après la mort du premier je me devais aux trois autres, et ainsi jusqu'à ma fille; aujourd'hui, c'est fini : je n'ai plus besoin de me ménager pour personne! » — Ils étaient tous morts entre quinze et vingt-deux ans, en très-peu d'années par conséquent.

Au mois d'octobre dernier, je me retrouvai dans ce modeste village, et, singulière coïncidence, c'était le jour anniversaire de la mort de Mlle M***.

J'aperçus dans l'église, à la même place qu'il y a trente ans, une respectable dame habillée de noir et qui semblait passée à l'état de squelette. C'était la mère. Elle s'était donc laissé vivre, et la Providence l'avait gardée après tous ces deuils. J'appris que depuis tout ce temps elle a adopté tous les pauvres et tous les malades du pays... Cela vaut encore la peine de vivre (1).

(1) Cette narration pourrait trouver sa place au lieu où j'exposerai les considérations de l'ordre le plus précieux, car la personne à laquelle je fais allusion a éminemment pratiqué tout ce que la religion nous offre de plus consolant : elle a *reçu de piété.*

V

Une belle mort.

Que les chrétiens qui liront ceci, — tout vrai qu'il soit, — patientent un peu. La meilleure philosophie est courte, et ses plus vraies leçons ne suffisent pas à des âmes qui ont la certitude d'une rédemption divine.

Nous arriverons à cet ordre d'idées plus complètes, plus saintement consolatrices; mais, en attendant, nous nous demandons :

La vie vaut-elle donc mieux que la mort?

Le sage s'est-il trompé en affirmant que « le

sort des morts est préférable à celui des vivants? »

> Qu'est-ce donc que des jours pour valoir qu'on les pleure !
> Un soleil, un soleil, une heure et puis une heure !
> Celle qui vient ressemble à celle qui s'enfuit ;
> Ce qu'une nous apporte une autre nous l'enlève.
> Travail, repos, douleur et quelquefois un rêve :
> Voilà le jour ; puis vient la nuit !...

Étant données certaines vérités philosophiques, telles que l'immortalité de l'âme et la vie future, n'y a-t-il pas encore un peu d'égoïsme dans le regret que nous avons pour ceux qui sont morts ! Ne sont-ils pas en effet plus heureux que nous ? N'y en a-t-il pas dont le trépas fut supérieur en gloire à la meilleure vie ??

On dit dans tous les langages les plus corrects, les plus élevés et les plus saints : « Voilà *une belle mort*. » La mort a donc aussi des *beautés*, par conséquent des attraits, qui, loin d'inspirer la répulsion, provoquent l'amour après avoir déjà conquis l'admiration et soulevé l'enthousiasme ?

Oui, c'est vrai, la mort a d'âpres voluptés. Depuis qu'elle fit alliance avec la justice et avec la gloire, elle a fait ce miracle d'attirer à elle les hommes les plus vigoureux et les plus honnêtes, les plus courageux et les plus saints !

C'est elle qui crée les héros ; c'est elle qui baptise les martyrs !

La mort a fait alliance avec tout ce qu'il y a de grand et de beau en ce monde : avec la religion, qui est la patrie des âmes ; avec la patrie, qui est la religion des cœurs.

Cette cruelle a revêtu de telles douceurs, cette hideuse a été en possession de splendeurs si magnifiques, qu'à un moment donné les mères ont poussé leurs enfants à la mort et les ont jetés dans ses bras comme ils les eussent envoyés à leur fiancée... La mère des Maccabées et les mères de Lacédémone sont tout ce qu'on peut voir de plus fier dans l'histoire des vertus humaines... L'une de ces femmes vit un jour son fils qui revenait seul, quand tous ses compagnons d'armes avaient péri... Elle regarda son salut comme une ignominie, et elle le fit repartir pour le combat !...

C'était sauvage, c'était contre nature, mais c'était beau !

Dans les siéges antiques des villes, les fils combattaient sous les yeux de leurs parents, et l'on appelait heureux ceux qui avaient la bonne fortune de donner à leurs auteurs ce glorieux spectacle (1).

La mère de Symphorose et de ses frères martyrs suivait la charrette sur laquelle on traînait ses fils au dernier supplice; elle en avait sept, et ils étaient tous là. Or, comme l'un d'eux, — c'était le plus jeune, — avait glissé, elle le prit sur ses épaules, le porta elle-même et le replaça sur le char en compagnie de ses frères.

Beaucoup me diront : « Ces exemples ne sont plus de notre temps; ils ne sont même plus une vertu. » C'est possible. Les vertus, dont les principes sont invariables, ont des applications qui se conforment aux mœurs et suivent les errements des siècles et des pays où elles se produisent...

Mais toujours est-il que l'*amour de la patrie* est de tous les siècles et de tous les pays... qu'au-dessus de cet amour il n'y peut rien avoir que l'*amour de Dieu*, avec lequel d'ailleurs il se confond; et

---

(1)   ... *O terque, quaterque beati*
Queis ante ora patrum, Trojæ sub mœnibus altis,
Contigit oppetere!...
       (VIRGILE, *Enéide*.)

quand cette patrie est la France, on comprend tous les héroïsmes des fils et tous les sacrifices des mères.

Les soldats français ont été dignes de la Grèce ou de Rome, quand ils ont chanté :

> Mourir pour la patrie,
> C'est le sort le plus beau, le plus digne d'envie !

Ce qui est dire plus, ils ont été dignes de la France.

Et les mères françaises ont laissé loin derrière elles les mères de Sparte, quand, avec une éducation des plus civilisées et une tendresse à la hauteur de cette éducation, elles ont dit à leurs fils :

> Nous vous avons donné la vie,
> Guerriers; elle n'est plus à vous;
> Tous vos jours sont à la patrie :
> Elle est votre mère avant nous !

Ces sentiments n'avaient plus parmi nous un cours général, parce que, tout en aimant la patrie, nous aimons surtout *la paix*; et nous avons bien raison.

Plusieurs se sont d'ailleurs demandé si vraiment

la patrie était en danger au commencement de cette guerre... si son honneur était menacé... si ce n'est pas à des ambitions ou à des incapacités privées qu'il faut rapporter ces désastreuses initiatives, ces déplorables résultats ?

Questions parfaitement permises, mais dont la solution ne peut guère amener de consolations pour vous; questions inutiles, par conséquent.

Ah! sans doute, ils seront bien coupables, au jugement de l'histoire et au jugement de Dieu, ceux qui versèrent tant de flots de sang qu'ils pouvaient épargner : l'héroïsme des victimes doit accuser plus fortement encore la conscience des bourreaux!

Calmons-nous néanmoins, calmons-nous : les soldats n'ont vu que la patrie, et c'est à elle qu'ils ont tout donné...

Or, si ce que nous aimions le plus dans les nôtres c'était leur cœur, leur âme, leur vertu, il y a au moins un allégement à nous dire qu'ils sont morts en hommes de cœur et que sur la tombe de chacun d'eux on peut écrire cette épitaphe glorieuse :

IL A FAIT SON DEVOIR!

VI

La mémoire et les souvenirs.

Nous avons souvent auprès de nous et même au dedans de nous des moyens de force, de consolation, de vertu enfin, dont nous ne savons pas assez l'efficacité.

L'exercice régulier de nos facultés devrait suffire à nous donner tout le bonheur intellectuel et moral dont nous sommes capables : bonheur, hélas! bien amoindri, bien tronqué, lorsque notre cœur est devenu la tombe d'un être que nous avons aimé.

Au nombre des facultés les plus nobles, les plus consolatrices de l'âme humaine, il faut placer la *mémoire*, le *souvenir!*

Grâce à cette faculté, le passé revit, ou plutôt il

ne meurt pas, il se perpétue. Nous possédons ainsi une sorte de petite éternité, par laquelle nous ressemblons à Dieu et nous conférons à nos chers morts une immortalité relative dans notre cœur. Ainsi se constitue le premier anneau de cette chaîne qui s'appelle, dans les familles privées ou dans la grande famille publique, les *traditions* de l'honneur, du courage, de la vertu !

« Il n'y a de véritablement morts que ceux qui sont absolument oubliés, » a-t-on dit. C'est vrai.

Ceux dont on se souvient vivent encore dans les cœurs où leur image est empreinte. Ils ont au foyer qu'ils quittèrent leur place invisible mais réelle... On parle d'eux et on leur parle ; que dis-je ? il semble que vraiment on les entende : « Les âmes de nos morts sont plus près de nous que nous ne pensons, » disait naguère un digne évêque à une malheureuse mère que cette parole autorisée consola beaucoup. Tout ce qui fut à leur usage devient un objet de vénération, de culte. On foule avec une satisfaction intérieure les chemins où ils avaient coutume de marcher, et il semble qu'on y reconnaisse leur trace ; on prie mieux dans le livre de leurs prières. Les heures semblent plus fidèlement marquées sur la montre où ils comptaient les leurs. Leur appartement, leur chambre, leurs meubles, sont des objets pour ainsi dire sacrés. On dirait qu'il s'en exhale je ne sais quel parfum d'amour filial, de tendresse fraternelle... On dirait qu'ils servent encore de sanctuaire à l'âme de ceux à l'usage desquels ils furent... Et, soit qu'on les respecte au point de n'y toucher jamais, soit qu'on mette son bonheur à ne plus se servir que d'eux, ces dispositions et ces habitudes extrêmes concourent au même résultat consolateur : la vie des nôtres auprès de nous est prolongée, par la concentration de tout ce qu'ils furent, au-dedans de notre mémoire.

Il est une science moderne populaire dont les grands artistes ont beaucoup médit, qu'ils ont même calomniée, parce qu'elle atteint par des voies mécaniques à des perfections que ne peut pas toujours réaliser le génie : je veux parler de la *photograghie*.

Moi, j'ai souvent béni cette invention, à cause du bien moral qu'elle opère, de la consolation qu'elle procure au petit, au peuple, à tous. Quand on entrait dans une ferme, après les guerres du premier empire, les braves vieillards laissés seuls vous montraient le gros fusil de chasse de leur fils, son couteau de montagnard, son chien de berger, ou peut-être une médaille militaire qu'il avait gagnée soit à Iéna, soit à Austerlitz. Ils n'avaient pas le portrait de leur fils!

Ceux d'entre nous qui eurent le malheur de perdre leur père et leur mère, il y a vingt-cinq ans ou même quinze ans, n'ont gardé leur portrait que dans leur cœur, et c'est certainement un de leurs profonds regrets. Tout le monde n'est pas assez riche pour se donner un portrait à l'huile... Le loisir nécessaire a manqué à beaucoup.

Aujourd'hui, quand on entrera dans la chaumière ou dans la mansarde, le brave laboureur ou le modeste ouvrier vous diront : *Voilà notre soldat*, ou simplement : *Voilà le soldat*. Et ils vous montrent dans un petit cadre noir une figure qu'ils estiment au-dessus des toiles de Raphaël. Ils ont bien raison... Il lui ressemble tant : c'est lui !...

Ce portrait n'est pas le seul ni le plus précieux qu'ils conservent : il y a une photographie permanente dans le sanctuaire voilé de leur cœur ; ressemblance parfaite et continuellement obtenue par le rayon tout-puissant de leur amour, frustré mais ingénieux, persévérant.

Le souvenir prend tout cela, donne tout cela... Rien n'est petit pour lui, car il confère à tout ce qu'il touche les proportions sublimes, surnaturelles qui sont les siennes.

La mémoire est souvent à l'homme une torture et souvent aussi un moyen de mal faire.

Tous les objets de souvenir ne sont pas également honorables, et tous les souvenirs ne sont pas également bons.

Il y a des êtres, des actes, des circonstances qu'on serait heureux d'oublier, qu'on ferait sagement de fuir... car l'impression qu'ils font porte à la colère, inspire le mépris, crée quelquefois le remords ou la honte... et, qui sait? prolonge peut-être, par une jouissance intérieure, les funestes effets d'une conduite peu digne...

Il y a des coins du cœur qu'il ne faut pas trop fouiller, des voiles qu'on ne soulèverait qu'au péril de sa paix ou de son honneur; des tombes même dans lesquelles il est plus prudent de ne pas descendre.

Comme tout ce qui est très-bon de sa nature, le souvenir est *détestable* quand il a été corrompu.

C'est une bien utile science que de savoir *oublier* et *se souvenir* à propos.

Oublier le mal, se souvenir du bien, voilà une règle à peu près sûre pour exercer en tout honneur cette faculté presque divine : la mémoire.

Ceux pour qui j'écris auront tout intérêt de cœur à se souvenir... Ils n'ont pas besoin de s'appliquer à l'oubli.

Il n'y a rien que d'honorable, de glorieux, dans la fin de ceux qu'ils pleurent... La mort du soldat français est toujours un acte d'héroïsme, et, dans la guerre actuelle, tous les hauts faits de nos vieilles guerres sont égalés, sinon dépassés.

Humainement, le sort d'un grand nombre a été affreux. Il est évident qu'aucune histoire ne nous racontera exactement ce que certains bataillons, certaines divisions ont dû souffrir... Mais leur trépas à tous est digne de figurer dans les annales les plus glorieuses de l'humanité... de la patrie surtout.

A part quelques défaillances partielles et bien

explicables, l'héroïsme a été improvisé comme la défense nationale !

Quel dommage et quel malheur qu'il en faille parler à des survivants meurtris, à des sœurs, à des épouses, à des mères !... Quel larcin la douleur si légitime fait à leur légitime fierté !

Un jour, ces souvenirs auront pour vous des charmes,

disait-on à une reine bien éprouvée, à une mère qui avait aussi perdu son fils dans les batailles antiques...

Tous ne seront pas également nommés dans les récits officiels de ces actions solennelles... Le plus grand nombre a dû périr obscurément, dans un fossé ou devant une redoute ; mais la gloire est égale pour tous ceux que le même trépas a illustrés.

Quand on écrira bientôt l'histoire de ces journées incomparables, vous vous direz : « Mon fils était là... Mon frère a pris part à cette attaque ; il est tombé devant cette défense !... » Vous le suivrez de l'œil et du cœur ; vous verrez des flammes lancées par ce regard qui fut pour vous si caressant et si doux... Vous le verrez tuer des hommes à dizaines, lui si inoffensif et si bon dans ses relations sociales... Vous écrirez la page vivante, immortelle de son histoire, au livre sacré de votre souvenir personnel !

Et à certains jours plus propices, à des heures de solitude recherchée, de recueillement ambitionné, vous relirez, en vous repliant sur vous-mêmes, l'histoire de ce héros, — capitaine, sergent ou simple soldat, — dont la vie vous eût été si utile, mais dont la perte est pour vous adoucie au souvenir des grandes luttes auxquelles il prit part et de la gloire qu'il y conquit (1)...

Impossible de signaler aujourd'hui la moisson de souvenirs qui va être faite dans toutes les cités, dans tous les villages, dans tous les hameaux de la France, quand ces gigantesques batailles auront cessé... Lauriers sanglants, mais immortels !

La nation, la patrie, qui est la mère commune,

---

(1) Cette page était écrite avant tous nos désastres de Sedan et de Metz. Je n'y veux rien changer. Car si tous les vivants n'ont pas fait leur devoir, on peut dire que tous les morts ont vaincu !

les recueillera tous... Chez les Français survivants qui furent défendus et vengés par ces nobles morts, le *souvenir* s'appellera du nom béni de *reconnaissance*. La nation sera comme transformée en un vaste Panthéon, au frontispice duquel seront gravés ces mots : *Aux soldats de l'armée française, aux soldats de la défense de Paris*, — et cela signifie : *Aux grands hommes! — la patrie reconnaissante !*

Mais chaque famille aura son petit Panthéon ; chaque soldat qui en sera le héros a conquis assez de gloire pour tempérer la tristesse au cœur de ceux qui lui gardent leur *souvenir !*

VII

Regarder autour de soi.

Voici une considération d'un ordre tout philosophique, mais qui cependant peut être rapportée, sans aucun fanatisme, à l'ordre providentiel :

Quel que soit votre malheur, regardez autour de vous, à côté de vous; vous découvrirez toujours des êtres plus malheureux que vous...

Je sais bien que le malheur des autres ne peut pas faire notre bonheur : ce serait une cruauté sauvage. Mais la considération des maux dont nous sommes affranchis et qui auraient pu nous frapper comme ils en ont frappé tant d'autres est un allégement aux maux partiels que nous endurons.

Vous avez perdu votre fils : incomparable malheur... Et pourtant considérez cette pauvre femme qui en avait deux, trois, et qui n'en a plus aucun !...

Il vous reste de la santé, de la fortune, ou tout au moins une honnête aisance?... Et ces pauvres vieillards, à qui la guerre et la mort ont ravi leur unique soutien, et dont l'honnêteté stérile ne peut plus attendre que le pain de la charité... l'hôpital en perspective et des larmes à répandre jusqu'à la fin de leurs jours !

Il y a dans certains pays un proverbe qui dit : « Les peines sont encore bonnes avec du pain ! »

Qui sait? peut-être, en y réfléchissant, reconnaîtrez-vous que ce pauvre mort vous causait bien des tristesses : il fut loin d'être toujours bon pour vous? Sans doute, l'heure des récriminations est passée. D'ailleurs, l'infortuné Absalon a cruellement expié ses méfaits de jeunesse. Une mère ne tolère pas qu'on insiste sur les défauts de son fils, surtout quand il est mort... Mais enfin... vous, au dedans de vous-même, vous savez bien que votre amour n'était pas sans amertume?...

Nuances délicates à saisir, différences impossibles à proposer à la douleur, qui ne veut pas qu'on raisonne avec elle...

Je sens tout l'embarras qu'amène ici le rôle du consolateur, et je me dégage par une réflexion finale.

Vous êtes plongé dans une douleur profonde; mais l'espérance vous reste; car vous avez la foi, et ceci la ranime en vous.

Ah! si vous étiez un incrédule, un libre-penseur que le flambeau de la mort lui-même n'a pas éclairé, si votre fils eût été un mécréant et un débauché, incapable d'une bonne pensée à son heure dernière... et s'il fût mort dans quelqu'une des circonstances qu'aucun héroïsme n'illumine, qu'aucune vertu ne rend méritoires, écrasé subitement sous les roues d'un char ou vaincu par une inconduite de longue date... n'est-ce pas que votre sort serait plus regrettable encore?... car, malheureux dans le présent, vous n'oseriez, ni pour vous ni pour lui, regarder dans l'avenir.

Songez-y, il y a des affligés qui n'ont pas la foi... et vous, vous avez l'espérance; et quand vous vous serez retrempés en elle, vous ferez à Dieu cette prière :

« Je suis bien malheureux, bien malheureuse ; mais je bénis encore Dieu qui, m'ayant tout enlevé, m'a laissé l'espérance... et la prière. »

VIII

Vanité des choses humaines.

C'est ici une grande leçon à la fois philosophique, morale, religieuse. « Vanité des vanités, » a dit le sage, « et tout est vanité ! »

Cette parole est écrasante pour l'orgueil humain, pour l'ambition, pour la cupidité, pour toutes les passions humaines; mais pour la douleur, elle a encore quelque chose de consolant. C'est un abîme qui appelle un autre abîme. Quand l'homme s'aperçoit que rien ne tient ici-bas, il se relève et se relance pour s'attacher à Dieu.

Car cette vanité même de l'homme et de tout ce qui est en lui appelle nécessairement la réalisation de richesses plus dignes d'être recherchées, de valeurs plus réelles, plus durables, plus sûres.

Quand on est écrasé, il y a une certaine satisfaction à voir que tout croule autour de soi. Cela calme les appétits sensuels, cela provoque un abattement salutaire.

Oh! comme la voix des vanités humaines est puissante et persuasive sur un champ de bataille ! Il n'y a pas de canon qu'elle ne domine, ou plutôt le canon est sa grande voix ; car le canon est une machine de destruction ; et la destruction, c'est la preuve de la vanité.

Les ruines, les ruines, voilà ce qu'il faut considérer quand on veut être un sage : on en sortira bientôt chrétien par l'espérance !

Vanité de la *richesse!* quand on voit tous ces hommes, dont les revenus étaient si considérables, n'avoir pas même un linceul pour envelopper leur dépouille ; et, du reste, ce linceul, ils ne l'eussent point emporté : sur leur lit militaire, qu'en avaient-ils besoin ?

Vanité de tous les *plaisirs sensuels!* Ils ont demandé vainement un verre d'eau froide au milieu de l'action la plus sanglante : il n'y avait que du sang et de la boue dans le fossé. On a vu les chefs tomber exténués, après plus de vingt heures des plus intrépides efforts. De quoi servaient alors à quelques-uns ces fines voluptés de la capitale et les débauches déshonorantes du précédent hiver?

Vanité de la *sagesse!* Les combinaisons sur lesquelles on comptait davantage, les plans qu'on croyait invincibles ont été déjoués par la force brutale et par la ruse. Les stratégistes ont été vaincus par les espions! Il n'y a plus de grand capitaine aujourd'hui : il n'y a plus que des joueurs de hasard.

Vanité de la force morale et du courage même! Ardents comme des lions, ils ont été massacrés comme des agneaux. L'incapacité de quelques-uns en a perdu des centaines de mille, jeunes, valeureux, puissants, héros enfin!... Le génie a succombé devant les machines!

Vanité de la *puissance!* J'écris cette parole le 5 septembre, au moment où le télégraphe annonce que l'empereur des Français est prisonnier, qu'il est venu humblement déposer son épée dans les mains du roi ennemi, et qu'il est maintenant à la discrétion d'un homme auquel il donnait, il y a quatre ans à peine, une fastueuse hospitalité sous les lustres des Tuileries !...

Je continue ma leçon des vanités au moment où l'on m'annonce, dans une ferme reculée du midi de la France, que *la déchéance* a été prononcée, que la cour doit prendre le chemin de l'exil, et qu'après les luxes de Biarritz, de Compiègne et tant d'autres, il ne reste plus que les amertumes d'un château étranger, qui n'est après tout qu'une prison.

Comment cela est-il arrivé ?... Celui duquel on disait qu'il mettrait la France à feu et à sang plutôt que de quitter son palais est renversé par un souffle : on appelle cela le *souffle populaire*. « O rois ! comprenez maintenant ces leçons; instruisez-vous, vous qui gouvernez la terre ! » Ainsi sont-ils tous les mêmes quand l'heure suprême de leur dynastie a sonné : ils perdent la tête et le courage. Ils sont comme des enfants et comme des fous. Un grand nombre disent : « Laissez passer la vengeance de Dieu ; » moi je m'écrie, en regardant leur voiture fermée, leur déguisement et tout l'attirail de leur fuite : « Voilà *le char des vanités humaines* qui passe. »

Il ne faut jamais insulter aux malheureux, même

quand ils semblent subir la peine du mal qu'ils nous ont fait. Leur chute ne nous rendra pas les milliers d'enfants que leur ambition ou leur ineptie ont perdus... Mais quelle leçon! et comme on voit bien qu'il n'y a rien de stable ici-bas!... *Vanité de la puissance!*

Et la gloire, que vaut-elle? Elle vaut tout ce qui lui vient de la vertu, du devoir accompli, de la fidélité à la conscience, à Dieu! et plus rien que cela!

> J'en atteste le monde et tout ce qui respire :
> Mes lèvres n'ont jamais prononcé sans sourire
> Ce grand nom inventé par le délire humain!
> Plus j'ai pressé ce mot, plus je l'ai trouvé vide,
> Et je l'ai rejeté, comme une écorce aride
> Que nos lèvres pressent en vain!

Sic transit gloria mundi! « Ainsi passe la gloire du monde, » disait un jour un bon vieillard à une réunion de jeunes gens devant un feu que la joie avait allumé, et autour duquel ils dansaient pour célébrer la fête de leur maître : un peu de flamme, un peu de fumée, un peu de cendre. Le même vent qui alluma la flamme disperse la cendre ; et puis plus rien. Tout est achevé : *Sic transit gloria mundi !*

Un chansonnier a fait dire à une bonne femme :

> On parlera de sa gloire,
> Sous le chaume, bien longtemps!...

Qu'en dit-on aujourd'hui, et que dit-on des siens?

Il y a plus : avec cette gloire passent des biens qui semblaient plus réels et qu'on croyait, qu'on devait croire tout autrement durables. Où sont les *dévoués*, au lendemain d'une *déchéance?* Tous ceux qui s'asseyaient à la table des grands et qui furent par eux indiscrètement couverts d'or et de distinctions honorifiques, que sont-ils devenus? Où sont-ils les *fidèles à jamais?* Ils étaient prêts à mourir : ils ne cherchent pour la plupart qu'à se sauver et à vivre! Ils seront les premiers à faire entendre des homélies sur la vanité des choses de ce monde, afin de se légitimer à leurs propres yeux une défection qui ne les honore pas ; et quant aux grands qui partent, heureux sont-ils encore qu'on leur laisse la vie, par un reste d'humanité sur lequel ils ne comptaient plus!

Et la patrie? et la France?... Après tant de sang inutilement versé pour la défendre, que va-t-elle devenir? Dieu va-t-il nous donner le douloureux spectacle d'une sorte d'anéantissement sous la massue de ceux qui ne nous valent pas, et, puisque l'esprit public s'habitue à lier ces choses, la patrie de Calvin va-t-elle triompher définitivement de la patrie de saint Louis? Ah! familles françaises et chrétiennes, ce que vous regretteriez alors, ce serait moins de les avoir donnés que de les avoir perdus sans aucune utilité, dans une lutte impossible et en compromettant ce qu'ils voulaient sauver!

O vanité des vanités! et comme tout est vanité! Tout, car il semble qu'on veuille nous contraindre à dire : « Vanité de la patrie, vanité de la France! » Tout... hormis une chose : aimer Dieu et le servir... Voilà la science, voilà l'honneur, voilà la richesse et voilà la gloire.

On n'y pense pas assez quand on est heureux! La prospérité rend aveugle... Il faut que la voix salutaire de la douleur réveille les échos de notre âme... Il faut que les idées graves, sérieuses, vraies, entrent en nous, qu'elles y persévèrent, qu'elles nous consolent, et finalement qu'elles nous sauvent!

Quand on a ainsi ramené en quelque sorte le monde dans le creux de sa main, quand on l'a judicieusement pesé, on lui dit alors avec une ironie religieuse et philosophique : « Va-t'en ; je ne veux pas de toi, car tu n'es qu'une insigne chimère et une dangereuse vanité! »

On juge les hommes et on juge les choses pour ce qu'ils valent tous ; on n'en devient pas méchant pour eux, mais on en sort meilleur pour soi.

Pauvres et vertueux parents, puisque vous voyez que rien ne tient sous le soleil, ne soyez pas étonnés que votre fils ait succombé!...

Il a eu le sort inévitablement destiné à tout ce qu'il y a ici-bas de plus brillant et même de plus honnête. Il a été victime de cet affreux préjugé qui met les petits à la discrétion des grands! O ambitieux! que vous faites de mal aux êtres inoffensifs, courageux et bons!

Si leur jeunesse n'a pas tenu les promesses qu'elle vous faisait, ce n'est ni la faute de leur courage ni la faute de leur amour filial : c'est la faute d'une société qui a besoin de beaucoup expier parce qu'elle a fait beaucoup de mal ; c'est la providence de Dieu qui permet la chute des innocents pour sauver les coupables! Vanité des vanités!

Ah! du moins une chose leur demeure, à ces chers massacrés, qui n'est point vaine : c'est l'amour que vous aviez pour eux !

Parmi tant de valeurs abîmées sans retour, votre tendresse résiste au naufrage qui leur enlève tout et qui vous les enlève. Vous vivrez et vous mourrez en vous souvenant d'eux, en les aimant, en priant pour eux.

Voilà le vrai triomphe sur la vanité du monde; voilà la victoire sur l'oubli!... C'est vous qui l'avez remportée!

Quand je les vois ainsi regrettés et pleurés, quand je sonde le deuil de vos âmes, je me dis : Il y a donc, en ce monde où tout passe, des choses qui demeurent... Il y a, dans le cœur des femmes, des mères françaises, une puissance que le fusil de leur fils n'a pas eue. Elles sont, elles, puissantes à vaincre la mort même. Preuve et prélude de la vie à venir!

O mort! que les Prussiens leur ont donnée, ta

victoire ne va pas jusque-là!... Tu ne feras pas la *vanité*, tu ne créeras pas le *néant* dans ces cœurs affectueux... Leur amour et leurs œuvres protesteront contre toi jusqu'à la dernière heure de leur vie...

En attendant! En attendant que, le monde étant ployé comme une tente désormais inutile, le concert immense de la vie absorbe les clameurs confuses de la mort... en attendant que les affligés de ce monde apportent, par leur propre mort, leur amour et leur cœur à ceux qui les précédèrent en leur disant :

Puisque *aimer Dieu était la seule chose durable*, nous l'avons aimé en vous, nous vous avons aimés en lui.... Nous vous retrouvons ; nous sommes heureux !

Voici une page de l'homme qui a le plus éloquemment exprimé les vanités humaines dans la personne des grands de ce monde descendus au tombeau :

« Elle croissait, » dit-il, « au milieu des bénédictions de tous les peuples, et les années ne cessaient de lui apporter de nouvelles grâces... Elle a passé du matin au soir, ainsi que l'herbe des champs. Le matin elle fleurissait, avec quelles grâces, vous le savez. Le soir nous la vîmes séchée, et ces fortes expressions, par lesquelles l'Ecriture sainte exagère l'inconstance des choses humaines, devaient être, pour cette princesse, si précises et si littérales... Nous disions avec joie que le ciel l'avait, comme par miracle, donnée à la France, don précieux, inestimable présent, si seulement la possession en avait été plus durable... Hélas! nous composions son histoire de tout ce qu'on peut imaginer de plus glorieux. Le passé et le présent nous garantissaient l'avenir, et on pouvait tout attendre de tant d'excellentes qualités. Toujours paisible, toujours généreuse et bienfaisante, son crédit n'aurait jamais été odieux... Qui eût pu penser que les années eussent dû manquer à une jeunesse qui semblait si vive? Non, après ce que nous venons de voir, *la santé n'est qu'un nom, la vie n'est qu'un songe, la gloire n'est qu'une apparence, les grâces et les plaisirs ne sont qu'un dangereux amusement; tout est vain en nous...* Au lieu de l'histoire d'une belle vie, nous sommes réduits à faire l'histoire d'une admirable et triste mort... Que d'années la mort va ravir à cette jeunesse ! que de joie elle enlève à cette fortune ! que de gloire elle ôte à ce mérite !... Mais ne mêlons point de faiblesse à une si forte action; ne déshonorons point par nos larmes une si belle victoire (1). »

Toute fille et tout fils sont des *princes du sang* pour leur père et pour leur mère. Les malheurs des grands ne consolent pas les petits de leurs souffrances ; c'est vrai ; concluons du moins aux immortelles espérances qui doivent soutenir le courage de tous parmi les vanités et les misères de cette vie.

(1) Bossuet. *Oraison funèbre d'Henriette d'Angleterre.*

IX

Les tombeaux.

Je n'ai jamais lu, sans éprouver une tristesse profonde, qui toutefois n'était pas dépourvue de consolation, la page biblique où sont racontés les hauts faits d'Alexandre. Il vainquit les peuples et emporta leurs villes... « Un moment, la terre fit silence devant lui... »

« Et après cela ?... Il tomba sur un lit et il connut qu'il lui fallait mourir ! »

Et de toute cette carrière éclatante, il resta... un tombeau ! *Superest sepulchrum !*

« Souviens-toi, ô homme ! que tu es poussière et que tu rentreras dans la poussière. »

La piété des vivants s'est encore évertuée à faire

que cette rentrée nécessaire dans la terre ne fût pas sans quelque honneur, sans quelque solennité.

L'humanité a eu, depuis le commencement, le culte des tombeaux. Les formes de ce culte ont été diverses. Pendant longtemps, on réduisit en cendres les chairs et les ossements des morts, et la plus petite urne a servi à renfermer ce qui fut autrefois un orateur comme Crassus, un capitaine comme César :

Nescio quid! parvam quod non benè compleat urnam !

C'est surtout à Rome qu'il faut faire cette étude. La ville de toutes les gloires est par excellence la ville des tombeaux ! On y voit presque juxtaposées la voie Appienne et les catacombes de Saint-Sébastien. D'un côté, les hommes illustres, — riches surtout, car cette voie incomparable s'ouvre par le tombeau de Cécilia Métella, la femme de Crassus le Riche ; — de l'autre, les simples chrétiens, les martyrs.

Que de sujets de réflexions, d'observations morales sur ces tombes cachées et sur ces tombes apparentes... sur ces somptueux mausolées « qui semblent, » comme dit Bossuet, « vouloir porter jusqu'aux cieux le magnifique témoignage de notre néant... » et sur ces tombes tellement obscures, qu'on n'y entre qu'avec des torches et qu'on est est saisi, en les visitant, d'une frayeur telle que la mort la peut produire !

Il y a un milieu entre ces extrêmes :

Le culte des tombeaux est universel comme la dévotion envers les morts, puisque leur dépouille est d'eux tout ce qui nous reste. Entre leur maison de ce monde et ce que l'Ecriture appelle *la maison de leur éternité*, la piété des enfants ou des amis leur fait une maison moyenne qui n'a pas besoin d'être grande, mais dans l'entretien religieux de laquelle la nature trouve encore des dédommagements ! C'est le tombeau de famille.

Je comprends qu'on veuille avoir ce petit coin de terre à soi, pour les siens. Je conçois la pitié, la répulsion qu'inspire ce qu'on appelle la *fosse commune*...

Et cependant... je m'aperçois que les êtres tristes auxquels je parle n'auront pas même cette satisfaction pour les leurs, et je ne peux pas insister sur ce sujet.

O mères, que je vous regrette, de ne pouvoir pas même venir vénérer les vôtres là, dans le cimetière de la cité, du village !...

Hélas! dans leur simplicité modeste, ils s'en tenaient peut-être aux vœux du poëte :

> N'inscrivez pas de nom sur ma demeure sombre ;
> Du poids d'un monument ne chargez mon ombre.
> D'un peu de terre, hélas! je ne suis pas jaloux ;
> Laissez-moi seulement à peine assez d'espace
> Pour que le voyageur qui sur ma tombe passe
> Puisse y poser ses deux genoux !

Ce lambeau de terre leur a manqué ; aucun voyageur ne saura où ils sont !

Vous les eussiez volontiers accueillis, sanglants, mutilés, défigurés, méconnaissables pour tout regard, excepté pour le vôtre ! Vous eussiez traité avec respect cette relique.

Oh! je vous plains de toute mon âme en pensant que vous ignorez même où ils reposent, en songeant à tout ce que votre imagination désolée découvre de douloureux dans toutes ces sépultures après la guerre. Je me félicite, en pensant à leur sépulture, que les batailles aient eu lieu sur le sol de la France. La terre de la patrie leur sera plus légère que la terre de l'étranger ! Et cependant je n'ose plus m'étendre sur la consolation que l'on peut goûter à venir, à certains jours, déposer une couronne d'immortelles, arroser quelques fleurs, s'entretenir enfin avec l'âme envolée, aux lieux mêmes où repose le corps qui l'abrita.

J'ouvrirais plus large la source de vos regrets et de vos larmes; et vous attrister, même en vous consolant, est si contraire à mon dessein !

Mon Dieu! quelle affreuse chose que la guerre... Elle détruit en quelques heures tout ce que la civilisation a fait de meilleur ; elle rend impossible tout ce que la nature ambitionne de plus légitime... Elle rend plus hideuse dans ses ravages la mort déjà si laide... Elle centuple les conséquences de séparations déjà si douloureuses!...

N'insistez pas trop sur ces navrantes perspectives.

Faites-vous à vous-même un cimetière portatif au dedans de votre cœur, un mausolée, qu'aucun Prussien ne vous ravira... dans votre mémoire affectueuse !

Buvez jusqu'à la lie ce calice de désolation qui

vous refuse le dédommagement accordé à *la Mère des douleurs*, celui de recevoir dans ses bras le corps de son Crucifié...

Et puis songez à la résurrection future ; croyez-y, espérez-la pour les vôtres.

X

Nature et religion.

Nous pourrions tirer de nos précédentes réflexions cette conclusion :

Le culte des morts repose sur ce que notre nature humaine a de meilleur et sur ce que la religion catholique nous offre de plus autorisé et de plus consolant.

Ce qu'il y a de meilleur en nous, c'est l'âme, avec toutes les facultés merveilleuses qui font de l'homme un être créé à l'image et à la ressemblance de Dieu : intelligence, raison, connaissance, jugement, liberté, volonté, mémoire, puissance de s'émouvoir et d'aimer, aspirations au bonheur, aptitude à la vertu et au mérite, abnégation jusqu'au sacrifice et dévouement jusqu'à la mort; tout ce qui fait l'homme bon, respectable, relativement parfait, tout cela trouve dans le culte des morts sa raison d'être, son exercice, sa vie...

Et le corps lui-même a sa part de ce naturel et glorieux dévouement : il se met en mouvement vers l'asile où reposent les nôtres; il s'agenouille quand l'âme prie. L'homme tout entier est intéressé par ces pratiques, et notre culte a pour objet l'homme tout entier en ceux que nous pleurons. Nous avons des hommages pour leur cendre aussi véritablement que pour leur âme. Nous les voulons sauvés comme ils furent aimés, l'un et l'autre.

Ce caractère, qui signale le côté *naturel* de ce culte, indique l'universalité et la perpétuité dont il jouit. Les anciens ont dit de la nature qu'elle est *commune* à tous les hommes, et c'est pourquoi un culte puisé dans les entrailles de la nature humaine existe *partout;* il a duré et il doit durer *toujours.*

Les seuls monstres humains s'en voudraient affranchir : ceux qui n'ont pas de tête et ceux surtout qui n'ont pas de cœur.

Ce n'est là qu'un aspect terrestre, et c'est pourtant beaucoup. La dévotion envers les morts est une preuve de bonté, d'honnêteté, d'intelligence; elle démontre la distinction morale de celui qui la pratique et elle lui sert à la développer en lui.

Mais c'est surtout un acte de religion.

La religion n'a rien de plus excellent que la *vérité* dans l'ordre intellectuel et la *vertu* dans l'ordre moral.

Elle a un symbole dans lequel toutes les vérités définies sont affirmées, au moins d'une manière sommaire. Elle a un décalogue où sont contenues toutes les vertus qui honorent le plus Dieu et sauvent plus sûrement les hommes.

La dévotion envers les morts a pour base toute la doctrine catholique. Pas un article du Symbole qui ne lui serve de fondement.

La foi en Dieu, en Jésus-Christ, au Saint-Esprit, à la très-sainte Vierge, à l'Eglise et à la communion des saints, à la résurrection des corps et à la vie éternelle, tout cela est confessé implicitement par le chrétien qui prie pour le salut de ses frères selon les formes usitées dans l'Eglise catholique.

Les vertus théologales, — foi, espérance, charité, — les vertus sociales et le zèle pour soi-même, tout cela est encore ici exercé avec une prudence qui ne se repose que sur des certitudes, avec une piété suffisamment éclairée pour répondre par les œuvres les plus familières aux mystères les plus importants.

Ainsi le chrétien complète l'homme; et toutes les plus hautes théories de la grâce divine et de l'ordre surnaturel sont ici ramenées, dans leur ensemble et dans leur détail, aux pratiques quotidiennes d'un bon fils ou d'une bonne mère qui ne savent pas jouir du jour présent sans prier dès le matin pour leurs chers aimés des jours passés ; qui ne savent pas se livrer au repos de la nuit sans invoquer la miséricorde divine sur ces chers êtres qui se reposèrent trop tôt dans la nuit du tombeau.

La doctrine à la base, la vertu au sommet.

L'humanité au fondement, la religion au couronnement.

La nature au principe, le catholicisme à la conséquence.

Ou plutôt, doctrine et vertu, humanité et religion, nature et catholicisme, tout cela est uni au point de ne faire qu'*un* dans le cœur et dans les œuvres du plus humble de nos frères, qui prie et qui communie en faveur des morts, parce qu'il croit et parce qu'il espère tout ce qu'il désire pour eux.

Considération grandiose et simple : le culte des morts ainsi entendu est le point de jonction de la terre et du ciel, de l'humanité et de Dieu.

Ceux qui s'y montrent humblement fidèles vérifient cette grande thèse, éternellement posée, éternellement débattue, éternellement prouvée : la raison humaine s'alliant au mystère divin, la nature libre à la volonté croyante, le néant de l'homme à sa grandeur, les misères universelles du temps aux gloires incontestables de l'éternité...

XI

Immortalité de l'âme.

« Que le juste espère dans la mort, » dit Salomon. Que peut-on espérer, demande tout homme sage, si l'on meurt pour toujours ? Il doit être bien difficile, impossible même, de donner des consolations à ceux qui, ayant perdu quelqu'un des leurs, ne croient pas à l'*immortalité de l'âme*.

Ces incrédules sont rares, heureusement ; aussi rares que ceux qui ne croient pas en Dieu.

Que voulez-vous leur dire qui puisse atténuer leur douleur, s'ils pensent que *tout est fini*, pour leur fils ou pour leur frère, dans cette lutte suprême et douloureuse où ils ont terminé leur carrière ?

Mais cette manière de *finir* est, si on la considère bien, une des preuves les plus frappantes, les plus indiscutables de l'immortalité de leur âme.

Ils étaient mus par un principe spirituel qui créait en eux la volonté, la liberté, la force, le courage.

Ils portaient au dedans d'eux-mêmes un *sentiment* profond, un grand amour qui avait pour objet l'honneur, la justice, le droit, la patrie, Dieu!

Ils avaient le *désir* inné du bonheur dans le triomphe de la cause pour laquelle ils se battaient : ce bonheur, ils le voulaient reversible à leur famille et à la patrie, partageable avec tous ceux qu'ils aimaient.

Ils *croyaient* fermement que leur âme était immortelle; et plusieurs ont dit à leurs parents : « Si je ne reviens pas, nous nous reverrons dans une patrie meilleure... au ciel! »

Animés de ces sentiments et de ces espérances, ils ont combattu miraculeusement avec leur *âme* bien plus encore qu'avec leur corps... Celui-ci était le serviteur de la première... Fait de chair et d'os, matériel et tangible, leur corps a pu être frappé par une balle, emporté par un obus... mais l'âme spirituelle a échappé à tout heurtement d'un ordre matériel; aucun instrument de guerre ne l'a pu atteindre...

« Ce qui est immatériel ne saurait périr par la dissolution des parties, » dit la plus élémentaire philosophie.

Chacun de ces valeureux mourants a pu répéter la parole du Christ : « Personne ne m'enlève mon âme; je la dépose parce que je veux. » La liberté est au fond de tous les combats.

A la naissance de chacun de ces enfants de la gloire, Dieu fit entendre la parole qui plana sur le berceau d'Adam : « *Faisons l'homme à notre image et à notre ressemblance.* » Or, c'est surtout par l'âme que cette ressemblance s'opère; car Dieu est un pur esprit, et Dieu est éternel ! L'immortalité de l'âme est donc, au moins dans l'avenir, son éternité relative...

Il y a une immortalité de *renom* que les hommes donnent avec des colonnes et des livres : immortalité fictive que celle-là, bien qu'elle honore à la fois ceux qui la donnent et ceux qui la reçoivent. Il y a une immortalité de *fait* dans l'essence même de ceux que nous pleurons !

Qu'on les appelle les *immortels ;* car ils le sont en vérité, quand même aucune voix ne parlerait jamais d'eux! Ils ont continué la tradition des guerriers et la tradition des chrétiens.

Nous apprenons de César que les Druides animaient le courage des guerriers et les exhortaient à braver les périls par l'espoir de l'immortalité (1). C'est dans ce sentiment, dit encore Lucain, qu'ils puisent l'ardeur impétueuse qui les fait courir à la mort. Suivant eux, rien n'est plus lâche que d'épargner une vie qu'on ne perd pas sans retour (2).

« Les chrétiens ont raison, » dit Celse, « de croire que leur âme est immortelle... Du reste, leur sentiment est commun avec tout le monde. » Et un sage de l'antiquité fait observer que « le consentement universel des hommes doit avoir un grand empire sur nos esprits. »

Je ne peux pas faire ici un traité complet de l'âme : son origine, sa nature, ses facultés. Je ne veux cependant pas exalter, sans preuves, ses desti-

---

(1) *De Bello Gallico*, I, 6.
(2) *Pharsale*, II, vers 460.

nées. Parler au cœur est surtout la mission de ceux qui consolent ; mais pour que la consolation soit digne, il faut qu'elle soit raisonnée. L'immortalité de l'âme résulte de la connaissance de l'homme ; elle résulte également de la connaissance de Dieu, de son existence même.

« Si l'âme est immatérielle, elle peut survivre au corps ; et si elle lui survit, la Providence est justifiée (1). » Quand je n'aurais d'autre preuve de l'immortalité de l'âme de nos chers soldats que la différence qu'il y a entre eux et les lâches, entre eux et les traîtres, je me verrais heureusement forcé d'y croire : « La sagesse et la justice divine seraient violées si le néant était la seule peine (2) » des lâches et des traîtres. « S'il n'y a pas de sanction dans une autre vie, il n'y a pas de vertu sur la terre, il n'y a pas de vertu dans le ciel. C'est bannir la vertu que de lui ôter ses motifs ; c'est anéantir Dieu que de le priver de ses attributs (3). »

On pourrait écrire un livre intitulé : *l'Immortalité*

---

(1) Ces paroles sont de J.-J. Rousseau.
(2) La Luzerne, *Dissertation sur la loi naturelle*.
(3) Id., C. 3.

de l'âme et les attributs de Dieu prouvés par la conduite et la mort de nos soldats français (1) ! Ce serait la plus belle philosophie en action que le monde ait jamais étudiée !

Ainsi donc s'unissent la raison humaine et la foi catholique pour vous dire : *Soyez consolés ;* vous reverrez vos chers perdus ; car votre âme est

---

(1) Voici un beau passage, encore du philosophe de Genève : « Plus je rentre en moi, plus je me consulte, et plus je lis ces mots gravés dans mon âme : « Sois juste et tu seras heureux. » Il n'en est rien pourtant, à considérer l'état présent des choses. Le méchant prospère et le juste reste opprimé. Voyez aussi quelle indignation s'allume en nous quand cette attente est frustrée ; la conscience s'élève et murmure contre son auteur. Elle lui crie en gémissant : « Tu m'as trompé. — Je t'ai trompé, téméraire ; et qui te l'a dit ? Ton âme est-elle anéantie ? As-tu cessé d'exister ? O Brutus ! ô mon fils ! ne souille point ta noble vie en la finissant ; ne laisse point ton espoir et ta gloire aux champs de Philippes. Pourquoi dis-tu : la vertu n'est rien, quand tu vas jouir du prix de la tienne ? Tu vas mourir, penses-tu ? Non, tu vas vivre ; et c'est alors que je tiendrai tout ce que je t'ai promis ! »

Changez Brutus en héros français, les champs de Philippes aux défilés de Wissembourg, et vous aurez une démonstration sublime.

immortelle comme la leur : l'une et l'autre se retrouveront.

Ainsi la raison et la foi vous engagent-elles, par mon humble moyen, à vous montrer fidèle au culte que vous devez à l'âme des morts, à cause de son immortalité. Singulière coïncidence : ce culte des morts lui-même, pratiqué par vous comme il le fut de tous temps et partout, est, à son tour, une des plus graves preuves de l'immortalité de leur âme et de la nôtre!

« La nature humaine, » a dit un grand écrivain, « se montre supérieure au reste de la création et déclare ses hautes destinées. La bête connait-elle le cercueil et s'inquiète-t-elle de ses cendres? Que lui font les ossements de son père, ou plutôt sait-elle qui est son père après que les besoins de l'enfance sont passés? Parmi tous les êtres créés, l'homme seul recueille la cendre de son semblable et lui porte un respect religieux. A nos yeux, le domaine de la mort a quelque chose de sacré. D'où nous vient donc la puissante idée que nous avons du trépas? Quelques grains de poussière mériteraient-ils nos hommages? Non, sans doute; nous respectons la cendre de nos ancêtres parce qu'une voix secrète nous dit que tout n'est pas éteint en eux, et c'est cette voix qui consacre le culte funèbre chez tous les peuples de la terre. Tous sont également persuadés que le sommeil n'est pas durable, même au tombeau, et que la mort n'est qu'une transformation glorieuse (1). »

De si nobles pensées, si noblement exprimées, donneraient la foi à ceux qui en sont dépourvus ; elles sont un puissant auxiliaire à ceux qui *croient* déjà ; à ceux qui, espérant déjà, sentent le besoin d'espérer de plus en plus ; à ceux qui choisirent ou acceptèrent d'être auprès de leurs frères, par la parole ou par la plume, les messagers de la consolation et de l'espérance !

Aussi n'en ai-je point fini avec les citations. Celles de la Bible et des écrivains religieux laisseraient sans réplique toutes les objections de nos matérialistes modernes, tendant à ravir aux êtres malheureux le seul bien qui leur reste : l'espérance. Je les néglige cependant. Je m'en vais de préférence au témoignage des hommes que leur

---

(1) *Génie du christianisme*, t. G, ch. 3.

vocation sociale paraît rendre plus autorisés, précisément parce que ces données devraient leur être moins familières, parce que, aux yeux des peuples déçus et enseignés, ils semblent moins faire un métier que les théologiens et les docteurs. Philosophes et poëtes ont ici des motifs et des inspirations qui demeurent aussi péremptoires. L'immortalité de l'âme se prouve par l'âme elle-même, quand elle peut sentir et s'exprimer ainsi :

Le soleil de nos jours pâlit dès son aurore ;
Sur nos fronts languissants à peine il jette encore
Quelques rayons tremblants qui combattent la nuit.
L'ombre croît, le jour meurt ; tout s'efface et tout fuit.
Qu'un autre à cet aspect frissonne ou s'attendrisse,
Qu'il recule en tremblant des bords du précipice,
Qu'il ne puisse de loin entendre sans frémir
Le triste chant des morts tout prêt à retentir,
Les soupirs étouffés d'un amant ou d'un frère
Suspendus sur les bords de son lit funéraire,
Ou l'airain gémissant dont les sons éperdus
Annoncent aux mortels qu'un malheureux n'est plus...
Je te salue, ô mort ! libérateur céleste,
Tu ne m'apparais point sous cet aspect funeste
Que t'a prêté longtemps l'épouvante ou l'erreur ;
Ton bras n'est point armé d'un glaive destructeur ;

Tu n'anéantis pas, tu délivres; ta main,
Céleste messager, porte un flambeau divin;
Quand mon œil fatigué se ferme à la lumière,
Tu viens d'un jour plus pur inonder ma paupière,
Et l'espoir près de toi rêvant sur un tombeau,
Appuyé sur la foi, m'ouvre un monde plus beau!

. . . .

. . . .

Voici certainement un des plus beaux actes de foi que la langue humaine ait jamais prononcés. Il est digne de Bossuet et de Racine :

Qu'un autre vous réponde, ô sages de la terre!...
Laissez-moi mon erreur ; j'aime, il faut que j'espère ;
Notre faible raison se trouble et se confond.
Oui, la raison se tait ; mais l'instinct vous répond.
Pour moi, quand je verrais dans les célestes plaines
Les astres s'écartant de leurs routes certaines,
Dans les champs de l'éther l'un par l'autre heurtés,
Parcourir au hasard les cieux épouvantés ;
Quand j'entendrais gémir et se briser la terre;
Quand je verrais son globe errant et solitaire,
Flottant loin des soleils, pleurant l'homme détruit,
Se perdre dans les champs de l'éternelle nuit ;
Et quand, dernier témoin de ces scènes funèbres,
Entouré du chaos, de la mort, des ténèbres,

Seul je serais debout; seul, malgré mon effroi,
Être infaillible et bon, j'espérerais en toi,
Et, certain du retour de l'éternelle aurore,
Sur les mondes détruits je t'attendrais encore (1)!

O vous tous qui lirez cette page, *attendez* Dieu sur les champs de bataille de Wissembourg et de Longeville, de Saint-Privat et de Borny : les braves qui y sont tombés avaient une *âme immortelle!*

(1) Lamartine, *l'Immortalité*, nouvelles méditations poétiques.

XII

Une doctrine de désolation.

La mission du consolateur honore en tout temps celui qui la remplit; mais à une époque de désolation universelle, cette mission emprunte aux malheurs publics une gravité qui se mesure à ces malheurs même.

Un des plus affligeants spectacles, c'est celui que nous montrent des hommes prétendant servir la patrie par la propagation de doctrines plus désolantes encore que ne le sont les malheurs matériels qui l'accablent :

Des administrateurs et des écrivains profitant du désordre apporté dans les affaires pour introduire le désordre dans les idées;

Des philosophes soi-disant patriotes, osant demander aux mères le sacrifice de leurs fils et à ceux-ci le sacrifice de leur sang, en niant Dieu et sa providence, les espérances surnaturelles et l'immortalité de l'âme : voilà ceux qu'il faut appeler *les désolateurs* de la famille et les fléaux de la patrie.

Je retrouve dans un journal de mon pays un extrait du langage que je leur tenais naguère dans une de nos chaires catholiques. Mes lecteurs me permettront de placer sous leurs yeux ces considérations, qui, senties par tous les hommes de cœur avant d'être formulées par les hommes de sens, firent des héros de la plupart de nos soldats et relèvent au moins leur valeur aux yeux de leurs vertueuses mères !

Je disais :

« Vous recommandez à nos citoyens le respect du droit et de la justice, à nos soldats français l'honneur, le courage, l'amour de la patrie. Vous leur conseillez de combattre jusqu'à la mort pour ces saintes choses : c'est très-bien jusque-là ; mais que leur promettez-vous après, comme sanction de leur fidélité, comme récompense de leur abnégation, comme couronne de leur martyre? — car ils vont peut-être mourir; et la patrie a ses martyrs comme la religion!

» — *Le néant! le néant!* Votre matérialisme ne leur assigne rien de meilleur, puisque selon vous tout périt au tombeau.

» Eh bien! je déclare, moi, que vous n'êtes pas seulement un insensé au point de vue de la philosophie et de la morale humaine; vous vous posez, que vous le vouliez ou non, en violateur des intérêts publics... de ceux-là même que vous prétendez servir.

» Votre doctrine tend directement à étouffer le courage, à anéantir la vertu, à l'heure même où vous les préconisez avec plus d'ardeur.

» Si cette accusation vous semble dure, elle est simplement exacte; écoutez ce dilemme :

» Ou bien la vie de ce monde, quelle que soit sa valeur, est très-inférieure à la condition humaine qui suit le tombeau, — c'est notre opinion, — et alors je comprends qu'on immole cette vie présente au devoir, à l'honneur, au courage, à la patrie avec l'espérance, que dis-je? avec la certitude d'une vie future et glorieuse.

» Promettez-moi l'immortalité heureuse comme conséquence, et je vais tout donner à la vertu et au devoir, à mes frères et à Dieu... mon temps, mon repos, ma fortune, ma femme, mes enfants, ma vie, *tout*, absolument *tout*. Et mon sacrifice sera gai en vue de l'avenir.

» Mais si vous m'affirmez que la vie future n'est rien, qu'elle n'existe même pas, que le ver du sépulcre est ma fin absolument suprême, et que, par conséquent, la vie présente est *tout*, — ce sont vos théories, — oh! dans ce cas, je veux conserver à tout prix cette vie qui est mon seul bien. Docile à vos inspirations, je veux me cacher au lieu d'aller combattre les envahisseurs; je veux jouir au lieu de me gêner; je veux enfin être un matérialiste logique et adopter les conséquences forcées de ma sybarite croyance.

» Que répondre à des conclusions aussi fatalement rigoureuses?

» Leur parlerez-vous de l'immortalité qui se fait avec des colonnes commémoratives, avec des romans et des livres d'histoire? Inutiles appâts que tout cela. On sait combien injustement distribuées et combien peu durables sont ces immortalités. Et d'ailleurs, qu'est-ce que cela vaut pour un être qui ne les goûte plus, pour un être *mort tout entier*, pour une *âme anéantie!*

« S'il n'y a point de sanction dans une autre vie, il n'y a point de vertu sur la terre... Il n'y a pas de Dieu dans le ciel : c'est bannir la vertu que de lui ôter ses motifs. »

» C'est un de vos patriarches qui a dit cela.

» Arrière donc toutes ces doctrines qui prêchent le courage et portent nécessairement à la lâcheté, qui exaltent le sacrifice et poussent à l'égoïsme, qui préconisent la fidélité et ne savent pas lui assigner une meilleure issue qu'à la trahison !

» Lacordaire disait : « *Si je la rencontre un jour sur mon chemin, je ne lui ferai pas l'honneur de l'écarter de mon talon, cette canaille de doctrine.* »

» Nous avons le devoir d'être moins dédaigneux que le grand orateur, car nous nous adressons *aux hommes*, et nous leur disons avec une fermeté qui exclut toute amertume : « Au nom du sentiment public, au nom de la patrie en danger, abstenez-vous ou changez de langage. »

XIII

Si vous pouviez croire!

L'immortalité de l'âme est une thèse à la fois philosophique et théologique. Dans le projet que nous avons d'édifier les âmes, cette démonstration nous introduit immédiatement dans l'ordre surnaturel ; nous y sommes désormais.

Tout se tient dans la religion : les dogmes sont le fondement de la morale ; l'exercice des œuvres extérieures repose sur des vertus purement mentales ou purement affectives. Aussi l'homme est-il simultanément saisi tout entier par le plus familier acte de religion qu'il accomplit : la tête, le cœur, l'activité physique, tout est mis en mouvement; la tête qui adhère et qui croit, le cœur qui espère et qui aime, les pieds qui se meuvent et les mains qui agissent.

Tout le système religieux du catholicisme peut être ainsi ramené à la dévotion envers les morts.

Les vertus théologales, avons-nous dit, y sont pratiquées nécessairement. Or, la *foi*, qui est le fondement de l'édifice, est aussi le premier principe régénérateur de ce sentiment humain qui s'appelle la douleur, la douleur sur un tombeau !

« Croyez-vous cela ? » disait autrefois le Messie à la sœur de Lazare quand il allait ressusciter celui qu'il aimait. *Credis hoc ?* — « Oui, Seigneur, » répondit-elle, « je crois que vous êtes le Christ, fils du Dieu vivant, qui êtes venu en ce monde ! »

« Sans la foi il est impossible de plaire à Dieu, » et celui qui attend de Dieu une faveur quelconque doit commencer par lui plaire.

Mais aussi le Sauveur a dit : « Si vous pouvez croire, tout est possible à celui qui croit. » Sur quoi saint Augustin a coutume de raisonner ainsi : « Qui a dit *tout* n'a *rien* excepté. » *Tout*, par conséquent ce qui a pour objet nos morts et qui les sauve. « *Tout* est possible à Dieu, » et il a TOUT promis à la foi humble et sincère !

« Je crois, Seigneur, » disait le centenier, « mais je vous conjure de venir en aide à ma foi trop faible encore ! » C'est là une prière sublime.

Que ceux qui sont tristes et qui souhaitent être consolés s'adressent à Dieu de la même sorte. Êtres affligés, vous avez besoin d'espérance, et je vous réserve sur cette vertu de prochaines et bonnes leçons. Laissez-moi vous avertir, avant tout, qu'il ne saurait y avoir aucune espérance pour ceux qui ne croient pas. L'espérance est à la foi ce que la tige d'un arbre est à sa racine. L'arbre ne pousse plus quand la racine est morte.

Il faut donc se retremper, se renouveler dans la foi, lorsque, ayant perdu les siens, on ne veut pas désespérer.

Je comprends tous les excès de la douleur, toutes ses bizarreries, tous ses coups d'éclat et de scandale même, quand on n'a pas la foi... Il est naturel qu'on devienne fou. Le suicide, qui est une lâcheté quand il procède de l'égoïsme, ressemble à une nécessité philosophique quand il est l'œuvre aveugle d'un grand amour, auquel la mort a ravi son objet et qui n'espère plus rien !

Que voulez-vous que soit la vie à un être qui s'était absorbé dans un autre être et qui, pour aucun des deux, ne voit rien au delà du tombeau ? Un fardeau importable, qu'on rejette quand on n'a plus personne à qui on se doive ! C'est affreux, mais cela se comprend.

Dieu sait mieux que nous le besoin que nous avons de la foi, et quand nous la perdîmes, souvent par notre faute, il a mille moyens de nous y ramener.

L'adversité a de graves utilités, et la première. c'est de nous montrer que nous ne sommes rien et de nous ramener à la foi.

« Si le Fils de l'homme venait aujourd'hui sur la terre, pensez-vous qu'il y trouverait beaucoup de foi ? » Il disait cela de son temps et dans son pays ; posons-nous la question sur les nôtres ; n'est-il pas vrai que la foi de nos aïeux a baissé parmi nous ? Les familles croyantes de la jeune France n'ont pas gardé les traditions de la vieille patrie !

> La nation chérie a violé sa foi ;
> Elle a répudié son époux et son père,
> Pour rendre à d'autres dieux un honneur adultère.

Ah! que l'épreuve est rude aujourd'hui! que l'humiliation est accablante! que la plaie est profonde et douloureuse!

Je n'ajoute pas :

> Maintenant elle sert sous un maître étranger...
> Mais c'est peu d'être esclave... on la veut égorger !!

Et pourtant je ne suis pas de ceux qui attribuent nos défaites du Rhin à une violation déterminée. Il faut être très-sobre de pareils jugements, tout en constatant de regrettables coïncidences.

Puisse, des individus aux peuples, la rénovation se produire partout où l'épreuve aura été subie!

Ce qu'il y a de plus certain, d'incontestable même, c'est que Dieu nous avertit sévèrement; c'est que la peste, la famine, la guerre, sont des cribles où Dieu fait passer les nations pour les épurer ; c'est que *quand la violation s'est fait peuple*, comme dit Lacordaire, Dieu appelle n'importe quels barbares pour instruire ceux que la civilisation a corrompus. L'homme s'agite et Dieu le mène. La Prusse est un Attila, mais Attila s'appelait le Fléau de Dieu, et il l'était plus qu'il ne semblait le croire. Il y a même ceci de particulier, que le châtiment nous est infligé par des infidèles ; nos armes vaincues par les armes prussiennes, c'est la fille aînée de l'Église battue par les huguenots.

Ils s'en sont vantés comme d'une mission ; ils ont affecté des propos religieux dont l'audace égalait le ridicule, et par là ils ont donné à nos soldats une sorte de vocation religieuse aussi.

Grave motif pour nous d'espérer que la victoire n'a pas abandonné définitivement notre char, puisqu'il porte, avec les lois de notre civilisation, l'évangile de l'orthodoxie.

Motif très-considérable de consolation aux âmes sincèrement pieuses ! ceux qui sont morts ainsi sont morts pour les *autels* autant que pour *les foyers : pro aris et focis.* Devant l'audace envahissante des fils de Luther, ils ont été les héros de la patrie et les martyrs de la religion.

Pour beaucoup d'entre eux le sabre du sauvage Germain a ressemblé au glaive de Néron. Il voudrait que le catholicisme et la France n'eussent qu'une seule tête, pour la trancher d'un seul coup.

Puisse cet immense voile de deuil, qui enveloppe la France, la régénérer par sa propre humiliation, la transfigurer dans une lumière surnaturelle !

Elle semble, que dis-je ? elle est, en ce moment, transformée en un vaste cimetière. Puissent les vivants retrouver la foi auprès des morts; puisse le mérite des morts redonner la foi aux vivants ! Nous sommes les fils des guerriers, et nous sommes les enfants des saints : ne séparons pas ces deux origines. Nous avons laissé tomber la croix, et c'est peut-être pour cela que notre épée est moins puissante. Mon Dieu, nous vous en supplions au nom de nos héros massacrés, donnez-nous la foi de nos pères, et nous retrouverons le chemin de leurs victoires !

L'image de la patrie nous apparaît aujourd'hui partout; son deuil est comme un voile immense qui enveloppe toutes nos considérations personnelles.

Soit qu'on parle soit qu'on écrive, soit qu'on souffre soit qu'on prie, l'homme disparaît, la patrie seule se montre.

Ah! *si vous pouviez croire!* Cette parole, dite à l'âme de la France pour la ramener aux autels, va surtout droit à l'âme de chacun de ses fils affligés, pour le rappeler au devoir.

Ah! *si vous pouviez croire!* Aucune promesse n'est plus intime, aucun reproche n'est plus tendre que celui renfermé en cette parole. Il y a un désir ardent, il y a des larmes brûlantes, il y a tout ce qui peut renverser une vie peu consciente d'elle-même.

Ah! *si vous pouviez croire!* Cette parole a un parallèle; c'est la parole que le Sauveur disait un jour à Madeleine, dans cette conversation que l'histoire a gardée, auprès du puits de Jacob : « O femme! *si vous connaissiez le don de Dieu!* »

Madeleine fut frappée au cœur, et l'on sait ce qu'elle devint.

Êtres accablés, *le don de Dieu*, c'est votre douleur envisagée par la foi. Regardez-la de cet œil et vous aurez touché à la seule consolation qu'il puisse y avoir pour vous en ce monde.

XIV

Les grandes douleurs.

La douleur, si profonde, si vaste au cœur de l'humanité, — puisqu'elle y tient toute la place, — a des variétés de forme très-nombreuses.

Son existence, sa raison d'être, sa mesure viennent invariablement de l'amour. C'est parce que l'on a aimé, c'est parce que l'on aime que l'on souffre, et l'on souffre d'autant plus que l'on aime davantage.

« Mon amour est le poids qui m'accable, » peuvent répéter tous les êtres en deuil, en empruntant une parole de la sainte Ecriture : *Amor meus pondus meum.*

Et c'est sans doute pourquoi la douleur des mères n'a pas de comparable, parce qu'aucun amour n'est ardent comme le leur.

« O vous tous qui passez par la vie, considérez bien et voyez s'il est une douleur pareille à ma douleur! » disent-elles; et ce défi ne saurait trouver aucun contradicteur.

L'amour filial a ses angoisses; et pour certains êtres à qui il ne reste plus rien, la perte d'une mère est un irréparable malheur. Mais le poète a dit avec vérité aux meilleurs fils :

> Vous n'aimerez jamais vos mères
> Autant qu'elles vous ont aimés!

« La mère, » dit Bossuet, « a porté, neuf mois durant, son fils dans ses entrailles; mais elle le porte toute sa vie dans son cœur. » Le grand homme veut dire durant toute *sa vie à elle*, car quand lui seul est mort, sa mère le *porte* toujours, et c'est vraiment alors qu'elle l'enfante, à toute heure, dans la douleur.

Une femme de Chananée disait autrefois au Messie : « Seigneur, ayez pitié de moi; ma fille souffre. » Cette supplication si naturelle est un des plus sublimes cris que l'humanité ait jamais produits.

« Remarquez, » disent saint Paulin et Bossuet, « qu'elle ne dit pas : « Ayez pitié de moi, parce que je souffre ; » — ce serait si naturel ! — ni : « Ayez pitié de ma fille, parce que ma fille souffre ; » — ce serait si vrai! Non; elle dit : « Ayez pitié de moi, parce que ma fille souffre, » comme si elle ajoutait : « A elle la torture physique au moyen de la maladie qui éprouve ses membres; à moi l'angoisse morale par l'amour. »

Il en va bien autrement quand, au lieu de la maladie, c'est la mort; quand, au lieu des incertitudes, c'est l'accablante réalité!

Que les consolateurs de ce monde s'en souviennent bien : moralistes, philosophes, prêtres, missionnaires de la parole ou missionnaires de la plume... Nous ne rencontrerons jamais aucune occasion d'exercer plus saintement le talent ou la vertu qu'à l'heure où nous apparaîtra une mère priant sur le mausolée de sa fille ou de son fils. Qui sait même si, par des affinités mystérieuses que l'on constate sans trop les définir, le cœur des mères n'a pas une nuance plus tendre encore pour les fils que pour les filles ?

Après cela, tout amour honnête enfante une douleur légitime ; et il y a en dehors de l'amour maternel des tendresses si pures, si ardentes, des deuils si respectables, par conséquent !

Plaignez les enfants à qui la Providence et la nature avaient donné un tuteur nécessaire, des appuis indispensables, des nourriciers, un père et une mère enfin ! — car rien n'égale la puissance de ces deux mots, — et à l'amour desquels tout est enlevé.

Que la patrie adopte les orphelins, elle fait bien : la patrie est encore une mère, mais une mère commune ; que les âmes généreuses ouvrent des asiles, où l'enfance et la jeunesse trouveront du pain et de l'éducation ; que les frères aînés, les oncles, les tantes, les grands parents acceptent volontairement le rôle sacré d'une paternité ou d'une maternité adoptives : ils ont bien raison et Dieu les bénira ; car c'est lui qui leur a dit : « Je vous laisse le soin de ces pauvres ; vous serez le secours de l'orphelin. » Ils pourront bien donner à ce jeune voyageur, au départ, le bâton de voyage ; ils n'imprimeront pas à son front ce baiser suprême et ardent qui fait supporter, par l'espoir du retour, toutes les difficultés de la route. Ils suppléeront un père et une mère : ils ne les remplaceront pas ; et dans l'impossibilité où ils sont de les faire oublier de leurs pupilles, ils ont beaucoup mieux à faire en les élevant : c'est de leur rappeler à toute heure les êtres qu'ils ont perdus !

Il y aura des milliers d'adoptions après ces affreuses guerres, et cependant beaucoup de délaissés encore. Puissent tous ceux qui liront ces lignes y puiser des notions exactes sur l'honneur, le respect, l'importance, toute la valeur enfin inhérente à ces paternités et à ces maternités officieuses, soit que la nature et les liens du sang les aient créées, soit que la religion et la charité les aient enfantées !

Les orphelins sont aussi à plaindre et à servir que les plus malheureux de ce monde !

Et les veuves ! les épouses qui n'ont plus d'époux ! Quelle parole ou quelle plume décrira la profondeur de certaines douleurs ici ? Impossible travail ; car il faudrait pénétrer tous les mystères de ces immenses amours.

Contentons-nous d'exposer les principes : *aimer*

fait souffrir. Multiplier ses affections, c'est multiplier ses souffrances : plus une tendresse creuse le cœur et y prend racine, plus violente sera la commotion quand l'arbre sera arraché.

Elles sont à plaindre quand elles sont jeunes ; quand, la vie à deux s'ouvrant à elles avec des horizons si consolateurs, elles sont subitement dépouillées de ce riche patrimoine qui s'appelle l'avenir. Elles ont goûté du bonheur juste assez pour multiplier leurs regrets ; elles ont bu juste assez à la coupe du bonheur humain pour y contracter une soif désormais inextinguible...

La coupe de mes jours s'est brisée encor pleine,

a pu dire leur époux prématurément enlevé.

La guerre et la mort n'ont rien respecté...

Pauvres femmes !

Elles sont beaucoup à plaindre quand les liens rompus ont bien longtemps duré... Elles n'en savent que mieux apprécier tout ce qu'elles ont perdu.

Rien ne leur était bon comme « ce sentiment

calme qui succède à l'amour violent sur la couche refroidie, » comme parle Lacordaire.

Cette vie en commun, qui a duré trente ans ou un demi-siècle; cette vie de deux *époux amis*, que tant de liens ont rendue belle et bonne, rien, absolument rien, ne la peut remplacer : les fils eux-mêmes et les filles ne peuvent être que des consolateurs pour ces vieillards à qui la mort a pris la moitié de leur âme... Celui qui reste ressemble désormais à un enfant : c'est un orphelin d'un autre genre.

Elles sont à plaindre quand elles n'ont pas d'enfants; car tout est incomplet dans leur existence : il n'y a que des débris... Je n'ose pas dire : tout est à recommencer. Et cependant il faut être discret dans le jugement que l'on porte sur les jeunes veuves, à qui leur vertu elle-même persuade souvent de ne pas dédaigner un second appui, et, malgré la réalité de leur douleur, une consolation !

Il faut plaindre les veuves qui ont des enfants, des fils surtout; car désormais, tout l'équilibre éducateur étant rompu, la jeune mère doit réunir et concentrer en elle toute la fermeté du père et toute la tendresse de la mère. Ajoutez à cela les exigences croissantes d'une émancipation prématurée. Oh! que le labeur d'élever des fils est lourd à une jeune femme pour la vertu de laquelle le monde n'a d'ailleurs que des sévérités ou des séductions!

Et cependant, jeunes mères-veuves qui lirez ceci, votre enfant, vos enfants sont à la fois votre travail, votre sauvegarde et votre consolation.

Le surcroît de perplexités que leur éducation vous crée est un passe-temps qui vous fait trouver courtes les heures, intolérables sans eux, de votre solitude; le désir de les voir bien traités vous détourne de tout projet qui amènerait un nouvel hôte à la place de leur père : vous songerez plus tard à leur établissement; mais c'en est fini, grâce à eux, de la restauration du vôtre.

Ils sont d'ailleurs de chères reliques, ces aimables êtres. Votre amour maternel, que rien semblait ne plus pouvoir accroître, a cependant reçu une puissance nouvelle depuis que vous êtes veuve : vous portez deux amours en un objet.

Devenue veuve, la mère de saint Jean Chrysostôme disait un jour au saint docteur : « Mon fils, je vous aime pour bien des motifs qui vous sont personnels ; mais je vous aime surtout parce que vous me rappelez votre vénéré père. Je vois son regard dans vos yeux, sa parole sur vos lèvres ; sa démarche est en votre démarche ; tous ses traits sont pour moi réunis sur votre visage. »

Cette admirable femme avait raison : l'amour des mères a coutume de rechercher et de poursuivre en la personne des fils l'amour absent des époux dont elles les ont reçus. L'épouse veuve doit être une mère plus parfaite encore. Fasse le ciel qu'elle soit une mère plus consolée !

Il faudrait atteindre ici la douleur des fiancées, des amis, de tous ces êtres envers lesquels nous eûmes des sentiments d'autant plus tendres que le sang n'avait créé aucune obligation, et que la spontanéité et la liberté sont les seules lois des amitiés humaines en dehors des liens sociaux.

Que de tristesses et que de deuils ! Vraiment le monde en est plein aux époques de sa vie la plus florissante : que doit-ce être aux époques qui suivent les longues épidémies et les épouvantables guerres ?

Que Dieu donne la consolation à tous les affligés, et que ces considérations montrent un rayon d'espérance à tous, sans distinction ; car toute douleur est souveraine pour celui qu'elle régit, qu'elle accable.

Les douleurs ne se comparent pas ! Je recueillis un jour cette parole des lèvres d'un grand moraliste, d'un grand évêque français. Ses commensaux discutèrent longtemps et avec vivacité à l'effet de savoir laquelle des deux avait le plus souffert, de Marie-Antoinette ou de Marie Stuart. L'évêque d'Orléans, — car c'était lui, — les laissa s'engager dans des démonstrations psychologiques et autres, et puis, les interrompant avec un sourire où se peignait à la fois la finesse et la bienveillance qui lui sont familières : « Mais, mes amis, » leur dit-il, « les douleurs ne se comparent pas. » Ce fut un éclair, et la discussion demeura close.

Les douleurs ne se comparent pas ! Comme c'est vrai ! Chacun s'absorbe en la sienne ; en sorte qu'après avoir parlé aux mères, aux fils, aux époux, aux frères et aux amis, à tous ceux qui aiment et sont frustrés, il ne reste plus qu'à montrer à tous et à chacun la croix et le ciel.

XV

La douleur des grandes âmes.

Il faut appeler *grandes âmes* celles qui sont à la mesure d'une grande vertu et d'une grande douleur.

La vertu élève et agrandit les âmes ; la douleur montre leur élévation, leur profondeur et leur étendue.

En temps de prospérité, on ne sait jamais de quoi un être humain est capable ; l'homme qui n'a pas beaucoup souffert ne sait rien de la vie ; mais la douleur est la pierre de touche des nobles existences, c'est elle qui fait connaître l'or pur et le diamant vrai de la vertu.

L'histoire a conservé des milliers de noms que

l'humanité honore, et que la religion bénit, au souvenir de tout ce qu'ils ont répandu de lumières sur les obscurités de nos destinées tourmentées.

Il faut suivre ces guides.

J'en veux évoquer çà et là quelques-uns, comme on montre une poignée de froment pour prouver la fécondité d'un champ.

On composerait un admirable livre avec les expressions que l'histoire a conservées de la douleur des êtres d'élite versant sur la tombe des leurs des larmes et des prières.

Quand le grand Bossuet perdit son frère, avec lequel il avait vécu constamment et dans la plus grande union, sa douleur ne put être tempérée que par les grands principes de la religion, qui soumettent, selon une de ses pensées, les affections les plus touchantes de la nature à la volonté de Celui qui est le maître de la vie et de la mort.

« C'en est fait, » écrivait-il à son neveu, « c'en est fait ! Il n'y a plus qu'à baisser la tête et à se consoler en servant Dieu. Vous savez mieux que personne ce que j'ai perdu. Quel frère ! quel ami ! quelle douceur ! quel conseil ! quelle probité ! *Tout* y était. Dieu m'a tout ôté, et je me trouve si seul, qu'à peine je peux me soutenir. »

On aime entendre ces cris des grandes natures blessées ; cela ne nous rend pas les chers nôtres, mais cela instruit et cela console.

Quand saint Louis eut perdu sa mère, sa douleur se répandit en une prière qui ressembla à de la reconnaissance :

« Je vous rends grâces, » dit-il, « ô mon Dieu ! Vous m'aviez prêté une mère bonne, incomparable ; mais elle n'était pas à moi, je le savais bien. Et maintenant vous l'avez rappelée à vous parce qu'elle vous était agréable. Il est bien vrai, je l'aimais d'amour plus que toutes les créatures du monde. Et cependant, puisque vous avez ordonné qu'il en soit ainsi, que votre sainte volonté soit faite ! Que votre saint nom, ô mon Dieu, soit à jamais et partout béni ! »

La mère que ce roi de France regrettait ainsi s'appelait Blanche de Castille, et ceux qui connaissent l'histoire des femmes célèbres savent ce que ce nom veut dire. Les âmes d'élite ont entre elles des parentés affectueuses qui font qu'on les retrouve à travers des siècles, portant, devant des situations analogues, des sentiments identiques.

Voici comment fut impressionné, sur la tombe de sa mère, le fils qui avait coûté tant de larmes à la patiente et vertueuse Monique :

« O mon Dieu, je ne laisse pas de pleurer en votre présence pour celle qui vous a si fidèlement servi, pour celle qui, après m'avoir porté dans son sein pour me faire naître à la lumière passagère de ce monde, me porta depuis dans son cœur, afin de me faire renaître à votre lumière éternelle.

» O Dieu de mon cœur, Dieu de miséricorde, quelque sujet que j'aie de me réjouir en vous et de vous rendre grâces de tout le bien que fit ma mère pendant sa vie, je veux laisser à part, quant à présent, toutes ces bonnes œuvres, et je viens implorer auprès de vous le pardon de ses péchés.

» Exaucez-moi ; je vous en conjure par les mérites de Celui qui fut attaché pour nous à une croix et qui, maintenant assis à votre droite, ne cesse d'intercéder pour nous.

» Je sais que votre servante a pratiqué les œuvres de miséricorde et qu'elle a pardonné du fond de son cœur à ceux qui l'avaient offensée ; pardonnez-lui donc aussi, mon Dieu, les fautes qu'elle a pu commettre envers vous pendant tout le temps qui s'est passé depuis son baptême jusqu'à sa mort.

» Pardonnez-lui, Seigneur, je vous en supplie. Que votre miséricorde l'emporte sur votre justice, parce que vous êtes fidèle dans vos promesses, et que vous avez promis la miséricorde à ceux qui ont été miséricordieux.

» Je crois que vous avez déjà fait pour ma mère ce que je vous demande ; et cependant, Seigneur, puissent les prières que je vous offre être agréables à vos yeux ! Elle-même nous recommanda de vous les adresser et de nous souvenir d'elle à l'autel du Seigneur.

» N'oubliez pas, mon Dieu, que celle pour qui je vous prie avait fortement attaché son âme, par les liens d'une foi inébranlable, à cet adorable mystère de notre rédemption. Que rien ne puisse donc l'arracher à la protection de son Dieu ; que l'ennemi ne réussisse, ni par la ruse ni par la force, à la séparer de vous ; que son âme repose dans la paix éternelle. »

Le souvenir d'Augustin versant des larmes sur

la tombe de sa mère nous rappelle les larmes que cette digne femme versa si abondantes sur son fils, pendant que, tout vivant, « elle le portait néanmoins comme un mort dans le tombeau de sa pensée et de sa tendresse maternelle. »

Un jour elle s'en vint trouver le grand Ambroise à qui elle raconta toutes ses sollicitudes. Le docteur l'écouta, et d'un ton prophétique dont l'avenir se chargea de vérifier la promesse : « Allez, femme, » lui dit-il, « allez ; il n'est pas possible que le fils de tant de larmes périsse ! »

J'ose dire aux mères qui pleurent leur fils perdu la même parole : Il n'est pas possible qu'il périsse à jamais, cet enfant que tant de prières et de pleurs accompagnent.

Soyez chrétienne dans votre douleur et Dieu vous le rendra.

XVI

A beaucoup de douleur une consolation.

La douleur est un sentiment, une passion de l'âme. Elle admet au fond de nous-mêmes une variété considérable de modes selon lesquels elle existe, et au dehors de nombreuses variétés selon lesquelles elle se produit. D'une manière générale, on peut dire que l'éducation nous rend plus sensibles et que les êtres les plus intelligents sont plus capables des grandes douleurs. Toutefois, il ne faut pas être exclusif dans ces affirmations. On rencontre souvent dans les êtres les plus simples les sentiments les plus distingués. Il y a des natures tellement exquises et peut-être tellement négligées, qu'on peut dire qu'elles ne doivent rien à l'éducation.

Que de chaumières renferment des prodiges d'amour filial et cachent des mystères adorables de douleur maternelle! La plus grande douleur morale est à coup sûr la perte des êtres qui intéressent le plus nos affections.

C'est surtout à ceux-là que je m'adresse, et c'est pourquoi je n'ai garde de faire ici des catégories de rang ou de fortune.

Tout est respectable dans la douleur, mais tout n'est pas également prudent, ni pour soi-même ni pour les autres.

Il y a des douleurs qui sont très-mornes, très-silencieuses au moins, et avides de solitude. Il y en a d'autres qu'on peut appeler parleuses, éclatantes, presque criardes. En général, les premières sont plus profondes que les autres. Un ancien a dit : *Curæ leves loquuntur, ingentes stupent.* Cela veut dire : « Les douleurs légères parlent, les grandes se taisent. »

Encore une fois, cela dépend beaucoup des natures, et le tempérament physique tient en elles la moitié de la place; mais il est hors de doute qu'il ne faut ni trop s'abandonner à cette nature ni la trop violenter; car, toute fragile qu'elle soit, elle a d'honorables mouvements, de légitimes aspirations, de nobles tristesses, de saintes douleurs.

« Il n'est pas juste que nous soyons sans douleur dans les afflictions et les accidents fâcheux qui nous arrivent, comme des anges. Il n'est pas juste que nous soyons sans consolation, comme des païens. Il est juste que nous soyons affligés et consolés comme des chrétiens : il faut que la consolation de la grâce l'emporte par-dessus les sentiments de la nature, afin que cette grâce non-seulement soit en nous, mais qu'elle y demeure victorieuse.

» Nos afflictions sont comme la matière d'un sacrifice que la grâce divine doit consommer et anéantir pour la gloire de Dieu. »

Ce qui importe donc avant tout, ce n'est point de se dérober à la souffrance, nous n'y réussirions pas; ni de nous endurcir humainement contre la douleur, cela ne nous servirait de rien : mais de nous sanctifier par la douleur même.

Bossuet dit en parlant d'une des femmes les plus éprouvées dont l'histoire ait gardé le souvenir : « Ne croyez pas que ces excessives et insupportables douleurs aient réussi à troubler un tant soit peu sa grande âme ! »

Rien n'est plus surprenant que la manière sereine dont certains êtres, pourtant affectueux, envisagent la mort des leurs. Quand on vint annoncer au jeune marquis de Châtillon la mort très-chrétienne de son père, il se contenta de répondre : « Je me réjouis de pouvoir désormais répéter à un titre de plus : *Notre Père qui êtes aux cieux !* »

Une femme pieuse, ayant perdu son époux, s'écriait : « Mon Dieu ! qu'est-ce que vous avez fait ? Ah! que la blessure est profonde! C'est vous qui m'aviez donné ce cher gage; pourquoi me l'avez-vous donc ôté, puisque sa présence, au lieu de m'éloigner de vous, me servait pour m'unir à vous plus étroitement ? O mon Dieu ! que votre main qui m'a blessée me guérisse! J'ai besoin d'un secours extraordinaire; car ma douleur va jusqu'à en mourir ! »

Elle en mourut, en effet, car depuis lors ses larmes ne s'arrêtèrent plus. Vainement on la conjura de modérer sa douleur pour l'enfant qu'elle portait dans son sein. Qui peut se commander en de pareils moments ?...

Trois mois s'écoulèrent dans ce mélange de souffrance, d'amour, de religion... Après quelques heures des plus violentes douleurs, elle mit au monde un fils qui ne vécut qu'un instant, juste assez pour recevoir le saint baptême : « Hélas ! a-t-il si peu vécu, » demanda-t-elle, « qu'il soit déjà parmi les anges ? »

A quelques heures de là, Marie-Aimée de Chantal, baronne de Thorens, rendit elle-même son âme à Dieu, âgée de dix-neuf ans deux mois et six jours !

Mais pendant ces heures, elle avait demandé et obtenu de faire sa profession religieuse de sœur de la Visitation. Son noviciat fut de quelques instants, et le linceul et le drap noir usités en pareille cérémonie eurent leur raison d'être dans une triste réalité.

A côté de cette douleur conjugale et maternelle apparut la douleur de sainte Chantal elle-même. Elle tomba dans un silence et une stupeur qui faisaient peur pour sa propre vie... Étrangère à tout désormais et absorbée, elle n'écrivait pas plus qu'elle ne parlait.

Le seul billet qu'elle envoya à saint François de

Sales est d'une beauté incomparable ; et dire qu'elle se le reprocha comme un manque de résignation !

« La paix de notre Seigneur avec son éternelle bénédiction soit toujours au milieu de votre cœur, mon vrai très-cher père. Je me sens un peu soulagée de mes maux de cœur, et mon esprit demeure tout plein de suavité dans la soumission à la volonté divine, laquelle j'ai toujours plus de désir de voir régner souverainement en notre sainte unité.

» Mais, mon Dieu, nonobstant cela, je vois et je sens combien cette fille était véritablement l'enfant parfaitement aimée de mon cœur, combien elle le sera toujours et avec justice, ce me semble. C'est un soulagement non pareil pour moi, dans cette douleur, de sentir cet amour où vous l'avez placée, comme une goutte d'eau précieuse dans un océan.

» Je me soulage encore de vous dire ceci, mon unique et très-bon père : « Dieu soit loué ! » Mais je le dis de toute mon âme en paix et en douceur, et avec une très-grande reconnaissance de la grâce que sa bonté nous a faite : oui, Dieu soit loué de nous avoir donné une telle enfant et de l'avoir attirée à soi si heureusement.

» Il me semble que je devrais me retrancher de

parler tant de feu notre pauvre petite, car le contentement que j'y prends me laisse toujours de l'attendrissement... Ce me sera un petit restaurant de vous avoir dit cela. »

C'est ainsi que cette femme énergique contenait sa douleur, et qu'au lieu de ces cris d'aigle blessé que l'on s'attendait à trouver sur ses lèvres, elle n'en laissait sortir que ces doux et humbles gémissements de colombe qu'encore elle se reprochait.

Mais on ne violente pas impunément la nature. Après six semaines de luttes intérieures, d'efforts héroïques pour contenir le chagrin qui l'accablait, et pour le cacher du moins à tous les yeux, elle tomba malade. Tous les contemporains ont attesté que la seule douleur maternelle fut cause de cette maladie, qui la mit aux portes du tombeau.

Elle s'en releva cependant, et les vieux mémoires disent : « Celui qui la guérit ne fait pas des cures imparfaites. »

Un historien moderne a dit : « Devant une si grande infortune soutenue avec un si grand cœur, on s'arrête muet et saisi de vénération (1). »

(1) Voir la *Vie de sainte Chantal*, par M. l'abbé Bougaud.

Rien n'a manqué à cette douleur : elle a été extrême; rien n'a manqué à cette résignation : elle a été sublime! C'est François de Sales qui a rendu d'elle ce témoignage.

François de Sales ! A ce nom et à ce souvenir se rattache toute l'histoire des âmes malheureuses et consolées, des cœurs meurtris et purifiés.

Un jour, le Messie rencontra, au bord de la piscine des guérisons, un pauvre paralytique qui depuis trente-huit ans était couché auprès du bain salutaire sans en tirer profit.

Que lui manquait-il? Un homme! un homme qui le prît dans ses bras, l'élevât à la hauteur de la coupe miraculeuse.

Un homme, un confident, un ami, un François de Sales enfin, voilà ce qui manque le plus à la douleur des mères, des enfants, de tous; et voilà ce que je leur souhaite, ce que je voudrais leur donner avec ce livre des consolations humaines et divines.

Je plains la douleur entourée d'êtres inintelligents ou dépourvus de sensibilité. Je plains la douleur trop solitaire et livrée à elle-même. Je souhaite aux délaissés de ce monde... un ami !

Et je recommande à ceux qui portent ce titre de ne pas s'écarter, à l'heure de la tribulation. Toutes les expériences ont donné raison à cette parole sacrée : « Le véritable ami se prouve dans l'angoisse. »

Il y en a que l'on voyait assidus aux jours de la prospérité et des fêtes ; mais depuis qu'un voile de deuil est étendu sur la maison ils n'en franchissent plus le seuil ; amis des festins, de la bourse peut-être, des plaisirs à coup sûr, ils n'étaient pas, ceux-là, les amis du cœur.

On regrette de les voir se montrer ainsi, mais on ne doit pas être fâché de les connaître.

Absent depuis des années où l'on vivait heureux, le véritable ami a reparu au jour des larmes ; il s'est réclamé de ses vieux droits : on a rendu hommage à sa constance.

J'entendis un jour, entre deux amis, la conversation suivante :

— Je vous retrouve enfin, après tant d'absences, auprès du cercueil de mon père ; je vous pardonne toutes vos négligences passées.

— N'appelez pas négligence ce qui fut simplement de la discrétion. Je m'éloigne souvent de mes amis qui rient, je me rapproche toujours de mes amis qui pleurent.

— Alors vous ne nous quitterez plus à l'avenir, car nous sommes tristes à jamais.

— A jamais! répondit avec émotion l'ami recouvré.

J'aurais pu donner à ces quelques considérations ce titre tout simple : *Amitié et douleur*. Il y a, en ces deux mots, de grands devoirs et de grandes consolations!

XVII

Dieu l'a voulu!

C'est avec cette parole que se sont consolés de tout temps les hommes sages et les saints. Lorsqu'on a le bonheur de croire en Dieu et de le connaître tel qu'il se révèle à nous, on ne sépare jamais sa providence de ce qui arrive aux hommes; on lui donne, dans la vie et dans la mort des nôtres, toute la part qui lui revient; rien absolument n'échappe à son action puissante, mais sa bonté régit tout; et par conséquent, notre bien définitif est à la conclusion de ce qui momentanément nous afflige le plus.

Doctrine plus facile à comprendre qu'elle n'est aisée à pratiquer, je l'avoue; mais voici trois affirmations qui furent bien souvent consolatrices aux êtres malheureux : Dieu sait tout, il peut tout, il nous aime ! Tout cela veut dire *Dieu existe*, car nous ne le comprendrions pas autrement qu'avec ces attributs.

L'idée de Dieu dans la douleur a inspiré au grave Pascal les réflexions suivantes :

« Quand nous sommes dans l'affliction à cause de la mort de quelques personnes pour qui nous avons de l'affection, nous ne devons pas chercher la consolation dans nous-même ni dans les hommes ni dans tout ce qui est créé, mais nous devons la chercher en Dieu seul... Et la raison en est que toutes les créatures ne sont pas la première cause des accidents que nous appelons maux, mais que la providence de Dieu en étant l'unique et véritable cause, l'arbitre et la souveraine, il est indubitable qu'il faut recourir directement à la source et remonter jusqu'à l'origine pour trouver un solide allégement.

» Que si nous suivons ce précepte et que nous considérions cette mort qui nous afflige non pas comme un effet du hasard ni comme une nécessité fatale de la nature, ni comme le jouet des éléments et des parties qui composent l'homme (car Dieu n'a pas abandonné ses élus au caprice du hasard), mais comme une suite indispensable, inévitable, juste et sainte d'un arrêt de la providence de Dieu, pour être exécuté dans la plénitude de son temps ; et, enfin, que tout ce qui est arrivé a été de tout temps présent et préordonné en Dieu ; si, dis-je, par un transport de grâce nous regardons cet accident, non dans lui-même et hors de Dieu, mais hors de lui-même et dans la volonté de Dieu, dans la justice de son arrêt, dans l'ordre de sa providence qui en est la véritable cause, sans qui il ne fût pas arrivé, par qui seul il est arrivé, et de la manière dont il est arrivé, nous adorerons dans un humble silence la hauteur impénétrable de ses secrets, nous vénérerons la sainteté de ses arrêts, nous bénirons la conduite de sa providence, et, unissant notre volonté à celle de Dieu même, nous voudrons avec lui, en lui et pour lui, la chose qu'il a voulue, en nous et pour nous, de toute éternité. »

Paroles admirables, parce qu'elles expriment les nobles sentiments d'une âme convaincue. De cette foi austère à une piété très-tendre il n'y a qu'un pas.

Quand elles connaissent Dieu ainsi, les familles en deuil répètent bientôt la parole de Job aux consolateurs humains qui ne les comprennent pas : « Dieu nous l'avait donné, Dieu nous l'a ôté. Comme il a semblé bon au Seigneur cela est arrivé ; que son saint nom soit béni ! » La résignation n'a jamais mieux parlé, et de la résignation à la consolation le chemin est ouvert : c'est la foi qui le trace, et l'espérance le montre à la charité, qui se fait un bonheur de le suivre.

XVIII

Exemple d'une belle résignation.

Je veux raconter ici un des faits les plus saisissants de ma vie apostolique :

« Il y a trois ans à peine, un homme très-distingué, mais surtout un père de famille profondément chrétien, subissait à mes côtés la plus douloureuse épreuve qui puisse frapper le cœur d'un père : il perdait son fils âgé de vingt-deux ans. C'était le second et le dernier. Un an à peine auparavant il avait perdu l'aîné, non pas sur un champ de bataille, mais dans un séjour thermal où on les avait amenés afin de déjouer ou de retarder au moins, par les bienfaits d'une atmosphère plus clémente, ces ravages affreux qui vouent à une mort certaine, prématurée et prévue, cette catégorie de jeunes languissants qu'on nomme les phthisiques.

» Le jeune homme expira dans mes bras, au retour d'une promenade en voiture à travers les grands pins de la forêt.

» Les vertueux parents étaient là, et pendant quelques minutes je pus leur dissimuler que tout était fini.

» Il fallut cependant le leur dire.

» Je commençai par écarter la mère; je proposai ensuite au père d'aller se reposer dans un appartement voisin. Il se mit à genoux au chevet de son fils, et voici textuellement le langage qu'il me tint :

» Monsieur l'abbé, je n'ai plus de fils, je n'au-
» rai donc jamais plus de ma vie l'occasion d'offrir
» à Dieu le sacrifice qu'il demande en ce moment
» à mon cœur de père; aidez-moi à accomplir
» dans toute sa plénitude cette immolation unique,
» afin que je ne perde rien de la valeur attachée à
» cet instant si grave, pour le salut de mon fils et
» pour le mien... » Là-dessus, il récita tout haut l'Oraison dominicale, insistant sur cette parole : « Que votre volonté soit faite ! » Il y joignit la Salutation angélique, poussant un véritable cri à

cette invocation : « Priez pour nous, *maintenant* et à l'heure de notre mort. » Je suivis comme un humble clerc, syllabe à syllabe, la noble voix de ce célébrant, de ce pontife magnanime... Il demeura dix minutes environ ainsi prosterné devant la dépouille à peine refroidie du jeune homme... Il lui fallut s'en séparer cependant pour aller consoler sa femme et ses filles ; mais jamais on n'a décrit une résignation chrétienne qui eût plus conscience d'elle-même ; scène d'angoisse sans pareille et de calme presque incompréhensible. Les livres qui ont le plus édifié les lecteurs en notre siècle, les *Récits d'une sœur*, par exemple, ne renferment pas de traits plus beaux que celui-là, et je bénis le ciel de m'en avoir rendu témoin (1) »

J'ai connu un austère chrétien dont le testament commençait ainsi : « La volonté de Dieu est une

(1) Je m'abstiens, par égard pour la vie de famille qu'on doit aimer voir murer, de dire le nom de ce vigoureux athlète de l'espérance ; mais on doit être chrétien comme on est soldat dans cette maison, car son nom est celui d'un des plus courageux généraux sur lesquels reposait hier le salut de la France envahie !

loi si pleine d'amour, qu'il est doux même de mourir pour s'y conformer. »

Il ne peut, en aucun cas, être *doux* de voir mourir ceux qu'on aime, quelque belle que soit leur mort. Se conformer de cœur à la volonté de Dieu, qui sépare ce qu'il avait uni, est déjà un très-signalé mérite.

Allons, du courage! Dites-vous souvent à vous-même : En tout et toujours, la sainte volonté de Dieu.

Vous aviez demandé « que ce calice s'éloignât de vos lèvres, » et ce vous était parfaitement permis ; mais vous avez dû ajouter : « Cependant, ô mon Dieu, que votre volonté s'accomplisse et non pas la mienne ! »

Le calice ne s'est pas éloigné, mais l'ange de Dieu vous est apparu, fortifiant et consolateur ; c'est l'ange de la résignation.

Fiat! fiat! Il y a tout un monde surnaturel dans cette parole prononcée par les lèvres de l'humanité agonisante! Elle n'a de comparable, en ses effets miraculeux, que le *fiat* de la création sur les lèvres mêmes de Dieu!

XIX

La douleur en Jésus-Christ.

Nous sommes bien haut maintenant, mais dans la vérité toujours : c'est le *sursùm corda* de la douleur humaine ; poursuivons :

Quand les chrétiens font intervenir l'idée de Dieu dans leur foi ou dans leurs œuvres, c'est toujours sous la forme et dans la personne de Jésus-Christ.

« Le verbe s'est fait chair ; il a habité parmi nous, et nous avons vu sa gloire, la gloire du Fils unique de Dieu... plein de grâce et de vérité. »

Il naquit d'une femme ; il vécut dans un foyer des plus humbles. Il fut *l'homme des douleurs, connaissant l'infirmité ;* il mourut enfin, et comme si la mort ordinaire ne lui suffisait pas pour les grands exemples qu'il se proposait de nous donner, il mourut sur une croix.

Nous savons que la vie, et la vie des chrétiens surtout, est un sacrifice continuel qui ne peut être achevé que par la mort; nous savons également que Notre-Seigneur Jésus-Christ, entrant au monde, s'est considéré et s'est offert à son Père comme une véritable victime... Ce qui est arrivé en Jésus-Christ doit arriver en tous ses membres.

Considérons donc la vie comme un sacrifice : elle est cela, rien que cela. Et que les accidents de la vie ne fassent d'impression dans l'esprit des chrétiens qu'à proportion qu'ils interrompent ou accomplissent ce sacrifice. N'appelons mal que ce qui rend la victime indigne du Dieu à qui elle est offerte.

« Pour cela il faut recourir à la personne de Jésus-Christ; car, comme Dieu ne considère les hommes que par le médiateur Jésus-Christ, ainsi les hommes ne devraient regarder ni les autres ni eux-mêmes que médiatement par Jésus-Christ (1). »

(1) *Pensées* de Pascal.

Si nous passons par ce milieu nous trouvons toute consolation, toute satisfaction, toute édification.

Appliquons à l'austère mort cet austère jugement :

Sans Jésus-Christ elle est horrible, détestable, l'horreur de la nature ; en Jésus-Christ elle est tout autre : elle est aimable, sainte, la joie du fidèle.

Tout est doux en Jésus-Christ, tout jusqu'à la mort. Il a souffert et il est mort pour sanctifier les morts et les souffrances.

Son sacrifice a été parfait par la mort et consommé en sa résurrection où la chair a été absorbée par la gloire.

Voilà l'état des choses en notre souverain Seigneur.

Ne nous affligeons donc pas de la mort des fidèles, comme les païens qui n'ont point d'espérance. Nous ne les avons pas perdus au moment de leur mort...

Leur vie appartenait à Dieu ; leurs actions ne regardaient le monde que pour Dieu. Dans leur mort ils se sont entièrement détachés des péchés : c'est en ce moment qu'ils ont été reçus de Dieu et que leur sacrifice a été accompli, parfait.

Ils ont achevé l'œuvre que Dieu leur avait donnée à faire; ils ont accompli la seule chose pour laquelle ils avaient été créés. La volonté de Dieu s'est accomplie en eux et leur volonté est absorbée en Dieu. « Que notre défaillance morale, que notre douleur elle-même ne sépare jamais ce que Dieu a si bien uni. »

Je voudrais inspirer à tout être affligé le goût de Jésus-Christ, c'est-à-dire la connaissance et l'amour de ce divin Sauveur.

La plus grande partie des malheurs de ce monde vient de ce que Jésus-Christ n'est ni assez connu ni assez aimé.

Voici un des plus hauts mystères et pourtant une des plus familières pratiques du christianisme : *la vie de Jésus-Christ en nous; notre vie en Jésus-Christ.*

Cette vie se perpétue dans chaque fidèle par la foi et par les sacrements; dans la famille, dans la cité et dans l'Église par le règne de l'Évangile et par la présence réelle dans les tabernacles.

Les êtres intelligents qui ont cette dévotion à Jésus-Christ lui parlent et l'entendent comme on parle à un frère et comme on écoute un ami. Ses exemples leur sont une leçon permanente; il est le sanctificateur de toutes leurs joies et le consécrateur de toutes leurs douleurs.

« C'est un des grands principes du christianisme que tout ce qui est arrivé à Jésus-Christ doit se passer dans l'âme et dans le corps de chaque chrétien; que comme Jésus-Christ a souffert durant sa vie mortelle, est mort à cette vie mortelle, est ressuscité d'une nouvelle vie et est monté aux cieux... ainsi le corps et l'âme doivent souffrir, mourir, ressusciter, et puis monter au ciel! »

Quand la douleur résiste au désespoir, elle est l'école du meilleur mysticisme. Les choses qui nous paraissaient incroyables jusqu'à l'impossible et étranges jusqu'à l'absurde, nous les admettons désormais sans peine, à cause de l'intérêt de cœur que nous avons à ce qu'elles soient vraies.

« J'avais adhéré à toutes les mauvaises doctrines, j'avais surtout nié la divinité de Jésus-Christ; et dans ces dernières années, un livre écrit avec tous les charmes d'un style séducteur m'avait entraîné dans cette croyance. Peu s'en fallait que d'abîme en abîme je n'en vinsse à nier l'existence même de Dieu... quand tout à coup une affreuse tempête se déchaîna au ciel de mon foyer. La foudre frappa ma femme et brisa mon cœur... On me répéta alors que Jésus-Christ l'avait visitée dans son agonie, qu'il l'avait reçue dans son saint paradis... vieilles leçons oubliées du catéchisme de mon enfance! Le fait est qu'aujourd'hui je ne suis plus athée, je ne suis plus déiste. Je crois fermement en Jésus-Christ, depuis qu'ayant fait un pacte avec la douleur je sens le besoin de vivre dans l'espérance. »

Je ne dirai pas le nom du chrétien vivant qui m'a adressé ces lignes, mais elles sont toute une histoire de ces deux mots : *Jésus-Christ et la douleur* ou *la douleur en Jésus-Christ*.

XX

La croix et le crucifié.

Les signes extérieurs, les emblèmes sont d'une utilité bien considérable à l'âme humaine qui souffre, soit qu'elle s'abandonne aux impressions de la nature frustrée, meurtrie, brisée, soit qu'elle se relève dans l'énergie volontaire et dans l'endurcissement philosophique, soit enfin et surtout qu'elle se jette dans les bras de la religion et qu'elle lui demande et ne veuille plus que d'elle sa consolation et son espérance.

Parmi ces signes il en est un qui les domine et les résume tous : c'est *la croix*.

O vous qui, d'une part, aspirez à faire un peu de bien à vos enfants ou à vos frères partis pour l'éternité, et qui, d'autre part, souhaitez voir adoucir l'amertume qui vous inonde, prenez en main *la croix* du Sauveur, agenouillez-vous à ses pieds, portez-la sur vos épaules, écoutez ses leçons, accomplissez ses œuvres, vivez enfin et mourez dans ses bras.

Comme signe extérieur, la croix se présente à vous sous deux formes : ou bien comme un instrument du supplice de Notre-Seigneur Jésus-Christ : cela s'appelle *le crucifix;* ou bien comme un instrument tout nu de notre supplice humain et de notre résignation chrétienne; au-dessus de celle-ci il faudrait écrire cette parole : *Cette croix est nue; il lui faut une victime.*

Priez Dieu pour vos chers morts en la personne de Jésus-Christ; priez pour eux Jésus-Christ, étendu et mourant sur la croix. N'est-ce pas pour le salut de leur âme qu'il y fut autrefois attaché? Regardez ces blessures : chacun des vôtres est *décrit en elles*, dans ses pieds, dans ses mains, dans sa poitrine. *In manibus meis descripsi te.*

Absolument comme nos soldats ont donné leur sang pour la patrie, Jésus-Christ a donné son sang pour eux. Ce sang était divin, tout-puissant; ses mérites continuent à sauver le monde et les siècles, pour la rédemption desquels il a été répandu...

« O mon Crucifié! il manque à votre passion et à votre mort une condition encore : c'est l'application qui en peut être faite, qui en doit être faite à l'âme des nôtres; et cette condition dépend beaucoup de nous. »

« Ils étaient les frères adoptifs du divin Crucifié... Ils lui ont d'ailleurs beaucoup ressemblé. »

Ils ont eu, eux aussi, leur flagellation, leur couronne d'épines, leur sueur de sang, leur agonie, leur crucifiement; la férocité de leurs ennemis ressemblait assez à la rage des bourreaux ! O Dieu, que de calvaires humains sur un champ de bataille! et des champs de bataille, on en compte vingt, on en compte cent !

Sauveur Jésus, ayez pitié de tous ces crucifiés !...

Dieu est partout; mais, en aucun lieu ni sous aucune forme, il ne nous rappelle l'expiation et ne nous promet le pardon, — pour les nôtres et pour nous, — comme lorsque nos adorations et nos prières le rencontrent cloué à sa croix!

Il n'est pas jusqu'à la physionomie même de

l'Homme-Dieu en cet état qui ne rappelle aux êtres en deuil des souvenirs plus émouvants.

Regardez cette tête qui se penche, ces lèvres qui pâlissent, ces yeux qui s'éteignent, ce sang qui coule, ce corps qui s'immobilise, tout le ravage enfin de cette mort violente sur la personne du Christ: c'est ainsi que le vôtre dut être, criblé sous la mitraille ennemie... C'est ainsi qu'il mourut... Et je suis bien sûr qu'avec l'éducation chrétienne qu'il avait reçue, il a prononcé, avant la fin, ce cri: « Mon Dieu ! mon Dieu ! » Il y avait là toute une prière; il y a toute une espérance !

Donc, le crucifix est, par excellence, le livre des êtres en deuil, quand ils pensent aux leurs.

Il est *leur livre*, quand ils retombent sur eux-mêmes...

Quelles instructions ! La vie du chrétien est, comme celle du Sauveur, *une croix* et un martyre; ces pauvres mères de famille le savent, depuis surtout que leur amour est dépossédé !

L'homme est, à l'égal du Christ, un *homme de douleurs;* l'infirmité est son domaine, sa condition. « Si quelqu'un veut venir après moi, qu'il porte sa croix et qu'il me suive, » a dit le Sauveur.

Souffrir, pleurer et prier est notre part en cette terre des vivants, qui n'est pas moins la terre des morts : aucune fortune, aucun honneur, rien, absolument rien, n'affranchit de cette nécessité humaine; vous l'expérimentez surtout depuis que vous avez échangé contre ces vêtements noirs vos habits de fête.

Allons, du courage cependant! Pour les dix années ou les vingt années que doit durer encore votre veuvage, prenez généreusement votre croix et suivez le Maître. Il vous aidera à la porter, et, à la trace sanglante de ses pas, la route de votre calvaire vous semblera moins dure.

L'espérance, d'ailleurs, surgira inévitablement du sein de vos douleurs, comme une belle fleur du milieu même des épines.

Je me promenais un jour silencieusement dans un cimetière. Chacun de nous, hélas! a, dans ces cités mortuaires, quelque intérêt de cœur. J'aperçus, à quelques pas de moi, une femme agenouillée sur une tombe fraîche. Elle tenait embrassée une croix de bois; et tel était son recueillement, que le bruit de mes pas ne la put distraire. Je m'arrêtai discrètement; mais il me sembla que des bras de cette croix, mêlés aux bras de cette femme, partaient des rayons qui n'étaient pas absolument terrestres. J'attendis longtemps, et quand elle se fut retirée, je m'approchai pour m'agenouiller à sa place ; la croix était entourée de cette inscription : « *Ave, spes unica!* — *Je te salue, ô espérance unique.* »

J'appris depuis que cette femme avait d'autres enfants, un époux ; elle avait même une mère... mais, sur la tombe de son fils aîné, elle n'admettait, pour les siens et pour elle, qu'une seule espérance : *la croix!*

Saint Bernard disait autrefois : « Notre croix est vraiment pleine d'onction. »

Il y a des êtres qui, par amour de la croix, ont choisi la souffrance ; ils se sont librement séparés de ceux qu'ils aiment, et, autant qu'il était en eux, ils *ont fait la mort* dans leur cœur et aussi la mort dans le cœur de leur famille.

C'est une énergique manière de parler. Même pour les mères, et surtout pour elles, il y a un abîme entre le couvent et le cimetière.

Mais ce qu'il y a de certain, c'est que, si la consolation, à défaut de la joie, peut avoir en ce monde une source sûre, c'est au pied de la croix qu'il la faut chercher, qu'il la faut découvrir, car c'est là seulement qu'on la trouve.

Il est une croix que vos fils ont ambitionnée et qu'ils auraient dû recevoir de leur général sur le champ de bataille. Ils sont morts avant d'avoir reçu de leur chef cette récompense due à leur courage... Mais le Christ, chef invisible des bataillons triomphants, ne les a pas frustrés de la *croix d'honneur des prédestinés.*

Ils l'auraient portée sur leur poitrine : vous la porterez à leur place, dans votre cœur !

XXI

Le Crucifix de Lamartine.

J'ai toujours cru que la poésie est le langage par excellence de la douleur.

Il y a dans la mesure et dans la rime, dans le nombre et dans l'harmonie, je ne sais quel charme secret, quelle puissance surhumaine qui rendent plus saisissants les sentiments exprimés.

Tout écrivain qui raconte avec intérêt un événement, tout philosophe qui disserte savamment sur une vérité ne sont pas pour cela capables d'interpréter une profonde émotion de l'âme.

La poésie sait pleurer et faire pleurer ; et quand la poésie est sur les lèvres de la religion, aucune parole ne va plus droit au cœur de ceux qui écoutent ou de ceux qui lisent.

Le cœur humain est comme ces plantes aromatiques qui ont besoin d'être broyées pour répandre leur parfum. L'âme est comme cette urne de Madeleine qui dut être brisée pour verser jusqu'à la dernière goutte la liqueur précieuse.

Mais cet arome des larmes, ce parfum de la douleur, tous ceux qui instruisent ne les savent pas également traduire.

Les poëtes chrétiens ont des pages devant lesquelles un être qui veut sanctifier ses pleurs peut arrêter sa méditation avec autant d'efficacité que devant une page de Bourdaloue.

Les affligés qui cherchent la croix me remercieront d'avoir placé ici, sur le chemin tracé de leur consolation, le *Crucifix* de Lamartine.

Toi que j'ai recueilli sur sa bouche expirante,
Avec son dernier souffle et son dernier adieu,
Symbole deux fois saint, don d'une main mourante,
    Image de mon Dieu,

Que de pleurs ont coulé sur tes pieds que j'adore,
Depuis l'heure sacrée où du sein d'un martyr
Dans mes tremblantes mains tu passas tiède encore
    De son dernier soupir !

Les saints flambeaux jetaient une dernière flamme ;
Le prêtre murmurait ces doux chants de la mort,
Pareils aux chants plaintifs que murmure une femme
  A l'enfant qui s'endort.

De son pieux espoir son front gardait la trace,
Et sur ses traits, frappés d'une auguste beauté,
La douleur fugitive avait empreint sa grâce,
  La mort sa majesté.

Le vent, qui caressait sa tête échevelée,
Me montrait tour à tour ou me voilait ses traits :
Comme l'on voit flotter sur un blanc mausolée
  L'ombre des noirs cyprès.

Un de ses bras pendait de la funèbre couche ;
L'autre, languissamment replié sur son cœur,
Semblait chercher encore et presser sur sa bouche
  L'image du Sauveur.

Ses lèvres s'entr'ouvraient pour l'embrasser encore ;
Mais son âme avait fui dans ce divin baiser,
Comme un léger parfum que la flamme dévore
  Avant de l'embraser.

Maintenant tout dormait sur sa bouche glacée ;
Le souffle se taisait dans son sein endormi,
Et sur l'œil sans regard la paupière affaissée
  Retombait à demi.

Et moi, debout, saisi d'une terreur secrète,
Je n'osais m'approcher de ce reste adoré,
Comme si du trépas la majesté muette
    L'eût déjà consacré.

Je ne sais ! mais le prêtre entendit mon silence ;
Et de ses doigts glacés prenant le crucifix :
« Voilà le souvenir et voilà l'espérance ;
    » Emportez-les, mon fils. »

Oui, tu me resteras, ô funèbre héritage !
Sept fois, depuis ce jour, l'arbre que j'ai planté
Sur sa tombe sans nom a changé son feuillage :
    Tu ne m'as pas quitté.

Placé près de ce cœur, hélas ! où tout s'efface,
Tu l'as contre le temps défendu de l'oubli ;
Et mes yeux, goutte à goutte, ont imprimé leur trace
    Sur l'ivoire amolli.

O dernier confident de l'âme qui s'envole !
Viens, reste sur mon cœur, parle encor et dis-moi
Ce qu'elle te disait quand sa faible parole
    N'arrivait plus qu'à toi.

A cette heure douteuse où l'âme recueillie,
Se cachant sous le voile épaissi sur nos yeux,
Hors de nos sens glacés pas à pas se replie,
    Sourde aux derniers adieux,

Alors qu'entre la vie et la mort incertaine,
Comme un fruit par son poids détaché du rameau,
Notre âme est suspendue et tremble à chaque haleine
    Sur la nuit du tombeau ;

Quand des chants, des sanglots, la confuse harmonie
N'éveille déjà plus notre esprit endormi,
Aux lèvres du mourant, collé dans l'agonie
    Comme un dernier ami,

Pour éclaircir l'horreur de cet étroit passage,
Pour relever vers Dieu son regard abattu,
Divin Consolateur, dont nous baisons l'image,
    Réponds ; que lui dis-tu ?

Tu sais, tu sais mourir, et tes larmes divines,
Dans cette nuit terrible où tu prias en vain,
De l'olivier sacré baignèrent les racines,
    Du soir jusqu'au matin.

De la croix où ton œil sonda ce grand mystère,
Tu vis ta mère en pleurs et la nature en deuil ;
Tu laissas comme nous tes amis à la terre
    Et ton corps au cercueil.

Au nom de cette mort, que ma faiblesse obtienne
De rendre sur ton sein ce douloureux soupir !
Quand mon heure viendra, souviens-toi de la tienne,
    O toi qui sais mourir !

Je chercherai la place où sa bouche expirante
Exhala sur tes pieds l'irrévocable adieu,
Et son âme viendra guider mon âme errante
    Aux pieds du même Dieu.

Ah ! puisse alors, auprès de ma funèbre couche,
Triste et calme à la fois comme un ange éploré,
Une figure en deuil recueillir sur ma bouche
    L'héritage sacré.

Soutiens ses derniers pas, charme sa dernière heure,
Et, gage consacré d'espérance et d'amour,
De celui qui s'éloigne à celui qui demeure
    Passe ainsi tour à tour.

Jusqu'au jour où des morts perçant la voûte sombre,
Une voix, dans le ciel, les appelant sept fois,
Ensemble éveillera ceux qui dorment à l'ombre
    De l'éternelle croix.

Cette méditation remonte à quarante ans. Elle conserve la fraîcheur d'une fleur cueillie ce matin même.

Jamais consolateur, prêtre ou poëte, n'ont plus saintement parlé. Je dirais volontiers aux tristes de ce monde, en leur recommandant ces vers :

Voilà le souvenir et voilà l'espérance ;
    Emportez-les, mon fils !

XXII

Comment nous les servons.

En tête de toute consolation donnée aux vivants sur la destinée des morts, avant toute recommandation et tout conseil sur les œuvres qu'un sincère dévouement et qu'une saine dévotion suggèrent, il faut exposer, dans toute leur simplicité théologique, les principes fondamentaux, *les dogmes* sur lesquels l'opportunité et la valeur de ces œuvres reposent.

Or, il y a dans notre Symbole catholique un article qui n'impose pas à la nature humaine une grande violence, mais qui lui offre de bien beaux avantages; l'article est celui-ci :

JE CROIS LA COMMUNION DES SAINTS.

Placé entre la foi à l'Eglise et la foi à la vie éternelle, cet article fait le plus beau caractère de cette Eglise dans la vie présente et dans la vie future... C'est la note qui signale l'*unité* absolue des esprits et des cœurs; c'est le dogme constitutif de la famille chrétienne, de la communauté apostolique, de la solidarité universelle, d'une fraternité enfin tellement puissante qu'elle détruit tout intérêt personnel pour le relier à l'intérêt commun, et qu'après avoir aboli du cœur de l'homme tout égoïsme, elle efface entre les hommes toute séparation, triomphe de l'espace aussi bien que du temps... Que dis-je? cette fraternité est victorieuse de la mort; car les biens qu'elle crée survivent à tous les trépas et doivent durer, comme Dieu, jusqu'aux siècles des siècles.

« Par communion des saints, il faut entendre l'union qui existe entre l'Eglise triomphante, l'Eglise militante et l'Eglise souffrante, c'est-à-dire entre les saints qui sont dans le ciel, les âmes qui souffrent en purgatoire et les fidèles qui vivent sur la terre. Ces trois parties d'une seule et même Eglise forment un corps dont Jésus-Christ est le chef invisible. Les membres en sont unis entre eux par les liens de la charité, par une communication mutuelle d'intercession et de prière; en sorte que les grâces que chacun reçoit et les bonnes œuvres que chacun fait profitent à tout le corps et à tous les membres de l'Eglise. »

De là l'invocation des saints, les prières faites à Dieu pour nos parents et nos amis vivants, la confiance au pouvoir qu'ont les bienheureux auprès de Dieu, *la prière pour les morts*, et toutes les œuvres de réparation ou d'expiation accomplies avec l'intention de procurer le salut de leur âme.

Ceci est un peu mystique, sans doute; mais je ne connais pas de *constitution* dont la beauté puisse égaler les formes de celle-ci.

Or, elle est fondée sur les divines Ecritures.

« Nous sommes *tous*, » dit saint Paul, « un seul corps et les membres l'un de l'autre. » Cette comparaison est admirable et elle est surtout vraie : « Si un membre souffre, tous les autres sont dans la douleur; si un membre est heureux, tous partagent sa joie. » D'après ces données, à l'heure présente, nous sommes tous au bord du Rhin, dans l'enceinte de Strasbourg ou de Paris, non point seulement par l'effet de la fraternité patriotique, mais encore et surtout à cause de la fraternité religieuse, spirituelle : nous défendons avec eux l'honneur du drapeau ; nous pleurons avec ceux qui pleurent ; nous vainquons avec ceux qui triomphent ; nous succombons avec ceux qui meurent ; nous les suivons jusque dans ces tombes ignorées, et nous demandons pour eux à la Providence un lieu de rafraîchissement, de lumière et de paix.

Avide d'affection et de durée, notre nature incomplète et périssable cherche les moyens de s'étendre, de se perpétuer, d'être heureuse. Ce dogme n'est pas la clé unique du bonheur et de l'honneur présents et éternels ; mais il est certain qu'il en découvre les horizons, en trace le chemin, et, jusqu'à un certain point, en ouvre les portes. L'humanité n'a jamais rien rêvé de plus parfait ; et ceci n'est nullement un rêve, mais une vérité de l'ordre le plus naturel et le plus théologique.

Le Christ disait aux siens et à l'humanité en leur personne :

« Je suis la tige et vous êtes les branches, les rameaux ; je suis le cep et vous êtes les sarments ; je suis la tête et vous êtes les membres. » Même principe vital, même aliment nourricier, même terre, même soleil, même rosée.

Et la veille de sa mort, il disait à son Père : « Qu'ils soient *un* comme vous et moi et l'Esprit nous sommes *un !* »

« Qu'il n'y ait donc point de division dans ce corps, » dit saint Paul, « mais que les membres aient soin l'un de l'autre. » Et encore : « Croissons tous dans la vérité et dans la charité de Jésus-Christ, qui est notre chef. »

De là toutes les théologies ont conclu que tout est commun dans l'Eglise : prières, bonnes œuvres, grâces, mérites... comme dans une famille bien réglée, où l'héritage du père est reversible à tous les enfants.

Jésus-Christ, notre chef, a déposé dans cet immense réservoir qui renferme le trésor de nos richesses spirituelles tous ses mérites les plus surabondants, toutes ses œuvres divines et humaines dont l'influence rédemptrice est destinée à atteindre et à sauver le dernier homme qui passera sur la terre. Les saints de tout âge, de toute condition et de tout pays ont apporté le contingent de leurs utiles actions et de leurs méritoires sacrifices...

Ainsi s'augmente l'héritage commun auquel tous participent; car Dieu ne veut pas qu'aucun s'isole, et c'est pourquoi, quand il nous enseigna à prier, il ne plaça pas sur nos lèvres cette parole qui eût été égoïste jusque dans la tendresse : *Mon Père;* mais il nous apprit à dire : *Notre Père qui êtes aux cieux!*

Dès lors une immense confiance se répand dans la communauté chrétienne : tout fidèle qui se connaît lui-même et se rend justice a peu sujet de compter sur ses vertus personnelles, — bien qu'il n'en faille point, par une fausse humilité, amoindrir la valeur, — mais chacun compte sciemment sur « l'intercession, les prières, les mérites de l'Eglise, qui sont ceux de Jésus-Christ d'abord, et ensuite sur ceux qui, unis aux siens, en tirent toute leur valeur. »

C'est là certainement ce qui soutient le mieux les espérances isolées et nous aide tous efficacement à faire quelque bien, beaucoup de bien en commun.

C'est là le meilleur moyen de témoigner à des parents, à des bienfaiteurs, à des amis, à quel point on les aime... On prie pour eux, on offre pour eux tout ce qu'on peut faire de bon; et si l'on ne se dégage pas par là de la reconnaissance, si on ne renonce pas à l'affection, on fait beaucoup mieux encore, car on en paie avec les meilleures valeurs possibles le tribut sans cesse renouvelé...

Et comme c'est ici la *société des âmes* et que les âmes sont immortelles, il en résulte que cette société, cette communion survit à la mort corporelle. L'Eglise triomphante, l'Eglise souffrante, l'Eglise militante continuent d'être *une seule et même Eglise.* Tout est commun entre leurs divers membres.

De là toutes nos dévotions partagées entre les vivants et tous nos suffrages pratiqués en faveur des morts.

La tradition, fidèle interprète des institutions divines, n'a jamais varié à cet égard. Rien, au contraire, n'est admirable comme cette communauté des premiers chrétiens, « parmi lesquels, » disent nos saintes lettres, « il n'y avait qu'un cœur et qu'une âme. »

Les seuls excommuniés, ceux qui ont opéré un schisme ou l'ont suivi, sont par leur faute *séparés* de ces consolantes effusions d'une charité qui ne connaît pas de limites.

En renonçant à la prière pour les morts, les protestants ne savent pas de quoi ils se sont privés, de quoi ils ont privé les leurs !

Ils ont fait un larcin à ce que la nature humaine a de meilleur : la sensibilité, la tendresse, la reconnaissance... la perpétuité de ces sentiments.

Quelle différence entre deux douleurs également profondes, également respectables, mais dont l'une admet la communion des saints, dont l'autre la rejette ou l'ignore !...

Elles ont beau être toutes les deux le chef-d'œuvre des créations morales ; entre une mère catholique et une mère protestante dont le fils sera mort aux bords du Rhin, il y a un abîme. Je donne du courage à la seconde ; mais, de tout mon cœur, je plains la première et je supplie Dieu de les prendre en pitié toutes les deux.

XXIII

Opinion de deux grands poëtes.

Quand il s'agit de revendiquer sagement les droits de la nature et de suivre honnêtement ses inspirations, tous les génies fraternisent, toutes les puissances se donnent la main, à ce point que les poëtes sont souvent les meilleurs auxiliaires des théologiens. D'une part, en effet leurs plus belles inspirations ont besoin de venir d'en haut, et d'autre part leur langage le plus humain, le plus mortel a besoin de s'élever sans cesse pour demeurer digne de son objet et de son nom *l'idéal* et la *poésie*.

On a appelé les poëtes les *anges de la terre*, comme on pourrait dire que les anges sont *les poë-*

tes du ciel. Ce qu'il y a de sûr, c'est que des principales cordes qui vibrent sur leur lyre, l'une s'appelle la *Nature*, l'autre la *Religion*... Et l'accord de toutes les deux produit, au souffle du génie, cette incomparable création qu'on nomme l'harmonie, l'harmonie parlée, qui est aussi un chant divin.

> Puisque notre âme n'est qu'amour et qu'harmonie,
> Qu'un chant divin soit ses adieux !

Les deux grands poëtes de notre temps, Lamartine et Victor Hugo, ont fait du dogme théologique de la *communion des saints* le sujet de leurs plus belles inspirations.

L'une et l'autre reposent sur cette donnée :

> Ah ! puisqu'Il entend de si loin
> Les vœux que notre bouche adresse,
> Je veux lui demander sans cesse
> Ce dont les autres ont besoin.
>
> . . . .
> Donne au malade la santé,
> Au mendiant le pain qu'il pleure,
> A l'orphelin une demeure,
> Au prisonnier la liberté !

Mais pourquoi nous borner à une trop rapide indication ? Mes lecteurs me sauront gré de leur citer ici quelques fragments. Voici comment s'exprime l'auteur des *Harmonies :*

. . . .
Tous ceux enfin dont la vie,
Un jour ou l'autre ravie,
Emporte une part de nous,
Murmurent sous la poussière :
« Vous qui voyez la lumière,
» Vous souvenez-vous de nous ?... »

Ah ! vous pleurer est le bonheur suprême,
Mânes chéris de quiconque a des pleurs !
Vous oublier, c'est s'oublier soi-même :
N'êtes-vous pas un débris de nos cœurs ?
. . . .
Dieu du pardon ! leur Dieu ! Dieu de leurs pères !
Toi que leur bouche a si souvent nommé,
Entends pour eux les larmes de leurs frères !
Prions pour eux, nous qu'ils ont tant aimé !
. . . .
Ah ! dans ton sein que leur âme se noie !
Mais garde-nous nos places dans leur cœur ;
Eux qui jadis ont goûté notre joie,
Pouvons-nous être heureux sans leur bonheur ?

Etends sur eux la main de ta clémence.
Ils ont péché, mais le ciel est un don !
Ils ont souffert, c'est une autre innocence !
Ils ont aimé, c'est le sceau du pardon.

On peut dire que toute cette harmonie, la première du deuxième livre, est une amplification poétique de cette belle prière de l'Eglise, empruntée aux psaumes de David, et qu'on appelle le *De profundis*. Victor Hugo a lui aussi complété, en l'appliquant aux morts, *sa prière pour tous*. Il faut lire ces vers où la plus consolante religion est relevée par la plus belle poésie. L'Europe retentit aujourd'hui de l'appel que le vieillard adresse aux Allemands. Le grand-père se montre dans le harangueur sublime : jeune homme, il plaida la cause de nos morts français, quand, jeune père, il parlait d'eux à sa fille.

Lorsque pour moi vers Dieu ta voix s'est envolée,
Je suis comme l'esclave assis dans la vallée
Qui dépose sa charge aux bornes du chemin ;
Je me sens plus léger, car ce fardeau de peine,
De fautes et d'erreurs, qu'en gémissant je traîne,
Ta prière, en chantant, l'emporte dans sa main !
. . . .

Prie aussi pour ceux que recouvre
La pierre du tombeau dormant,
Noir précipice qui s'entr'ouvre
Sous notre foule, à tout moment!
Toutes ces âmes en disgrâce
Ont besoin qu'on les débarrasse
De la vieille rouille du corps.
Souffrent-elles moins pour se taire?
Enfant! regardons sous la terre :
Il faut avoir pitié des morts!

A genoux! à genoux! à genoux sur la terre
Où ton père à son père, où ta mère à sa mère,
Où tout ce qui vécut dort d'un sommeil profond!
Abîme où la poussière est mêlée aux poussières,
Où sous son père encore on retrouve des pères,
Comme l'onde sous l'onde en une mer sans fond!

Enfant! quand tu t'endors tu ris; l'essaim des songes
Tourbillonne, joyeux, dans l'ombre où tu te plonges,
S'effarouche à ton souffle et puis revient encor;
Et tu trouves enfin tes yeux divins que j'aime,
En même temps que l'aube, œil céleste elle-même,
Entr'ouvre à l'horizon sa paupière aux cils d'or!

Mais eux, si tu savais de quel sommeil ils dorment!
Leurs lits sont froids et lourds à leurs os qu'ils déforment.
Les anges autour d'eux ne chantent pas en chœur.

De tout ce qu'ils ont fait le rêve les accable.
Pas d'aube pour leur nuit ; le remords implacable
S'est fait ver du sépulcre et leur ronge le cœur.

Tu peux avec un mot, tu peux d'une parole,
Faire que le remords prenne une aile et s'envole !
Qu'une douce chaleur réjouisse leurs os !
Qu'un rayon touche encor leur paupière ravie,
Et qu'il leur vienne un bruit de lumière et de vie,
Quelque chose des vents, des forêts et des eaux !

Oh ! dis-moi, quand tu vas, jeune et déjà pensive,
Errer au bord d'un flot qui se plaint sur la rive ;
Sous les arbres dont l'ombre emplit l'âme d'effroi,
Parfois, dans les soupirs de l'onde et de la brise,
N'entends-tu pas de souffle et de voix qui te dise :
« Enfant ! quand vous prirez, prirez-vous pas pour moi ? »

C'est *la plainte des morts !* Les morts pour qui l'on prie
Ont sur leur lit de terre une herbe plus fleurie.
Ils entendent du ciel le cantique lointain,
Ceux qu'on oublie, hélas ! Leur nuit est plus épaisse ;
Un ver dans leur cercueil les dévore sans cesse,
Et l'orfraie à côté fait l'hymne du festin !

Prie, afin que le père, et l'oncle et les aïeules,
Qui ne demandent plus que nos prières seules,
Tressaillent dans leur tombe en s'entendant nommer,

Sachent que sur la terre on se souvient encore,
Et comme le sillon qui sent ses fleurs éclore
Sentent dans leur œil vide une larme germer !

Comme une aumône, enfant, donne donc ta prière.
A ton père, à ta mère, aux pères de ton père ;
Donne au riche à qui Dieu refuse le bonheur ;
Donne au pauvre, à la veuve, au crime, au vice immonde ;
Fais en priant le tour des misères du monde ;
Donne à tous ! *donne aux morts !* enfin donne au Seigneur !

Impossible de formuler dans un langage plus émouvant et plus ému, plus attendri et plus attendrissant, les vérités les plus austères.

Immortalité de l'âme, ciel et purgatoire, communion des saints et efficacité de la prière, tout est en ces quelques vers.

C'est la théologie de saint Thomas exposée en termes véridiques par la lyre de Victor Hugo.

Comment de pareils génies furent-ils dévoyés !

On est tenté de leur appliquer le *quomodo cecidisti Lucifer* de la Bible ; car, vraiment, ils ont été des porte-lumière pour l'humanité ignorante et affligée.

O père-vieillard, qui parliez si bien à votre fille

enfant, relisez cette page de votre jeunesse poétique, religieuse et paternelle.

La fille à qui vous recommandiez les morts est, hélas! et bien prématurément, morte aussi.

Patriarche lassé des luttes philosophiques de l'erreur contre la vérité, ne résistez pas au sourire angélique de cette enfant.

Elle a prié pour vous, et vous serez sauvé à votre tour par l'éducation que votre amour croyant lui a jadis donnée!

XXIV

Aveu d'un docteur protestant.

La dévotion envers les morts n'est pas seulement l'expression d'un dogme, c'est un bonheur de la vie, c'est un parfum du cœur. Le protestantisme a fait à ses adeptes le larcin le plus inconcevable, quand il a supprimé la prière et le sacrifice pour les trépassés. Cette froide *réforme* a brisé les liens qui nous unissent avec nos morts. Autant valait arracher le cœur aux vivants.

Du reste, ce dogme et les pratiques qui en découlent sont tellement fondés, ancrés dans la nature humaine, que beaucoup souscrivent à l'article de foi sans se l'avouer à eux-mêmes et en accomplissent les œuvres sans s'en être rendu compte. Il y a, en chacun de nous, un fond de vérité qui est une protestation permanente contre toute erreur.

Un jour, il y a quelques années, j'eus l'honneur de voir assez longuement, dans une conférence moitié amicale moitié doctrinale, un des plus célèbres docteur de l'Eglise anglicane. Le docteur Pusey était en ce moment l'hôte de Son Eminence le cardinal Donnet, archevêque de Bordeaux. Ces deux hommes étaient parfaitement dignes l'un de l'autre par plusieurs des qualités qui les distinguent; mais entre eux aussi il y a cet abîme que l'un d'eux doit franchir tout seul, car, si bienveillant soit-on et si désireux de la paix, les concessions dogmatiques sont impossibles; c'est *la loi* initiale dont pas un *iota* ne doit passer.

Or, en énumérant les dissidences, le docteur signala le suffrage pour les morts, que les réformés ne veulent pas admettre.

Le cardinal le laissa s'expliquer théoriquement sur ce grave sujet et puis il lui répondit : « Cher docteur, vous aviez autrefois une femme honnête, honorable, et qui fit le bonheur, hélas! beaucoup trop court, de votre vie, car vous eûtes le malheur de la perdre en 18!... » J'ai oublié la date, mais le cardinal s'en souvint bien, et ceux qui connaissent sa mémoire ne s'en étonneront pas.

Le docteur se recueillit, et facilement une larme serait montée du cœur aux yeux du vieillard. « C'est très-vrai, Eminence, mais comment savez-vous cela ?

» — Ah! le voici. Il y a eu vingt-huit ans au mois de septembre dernier, je faisais un voyage de l'autre côté de la Manche ; j'allai visiter l'université d'Oxford dont vous étiez déjà un glorieux adepte. Entre autres curiosités religieuses, j'allai voir le cimetière... et sur une tombe de récente date, je vis gravé le nom de votre femme avec cette recommandation aux passants : *Priez pour elle*. J'écoutai la recommandation ; mais, bien convaincu que vous en étiez l'auteur, je me disais : Quelle contradiction flagrante et heureuse! Ils *ont protesté* contre l'autorité enseignante, la nature *proteste* contre eux ; ils font du catholicisme sans le savoir et presque sans le vouloir. »

Que répondit le docteur? me direz-vous. — Il se contenta de changer de sujet, et comme la question était enserrée dans des limites trop personnelles, on eut le bon esprit, le bon ton de le laisser s'échapper, par une tangente quelconque, des serres d'un argument évidemment invincible.

C'est qu'en effet, quand on se donne la peine d'y réfléchir, les dogmes en apparence les plus abstraits, les pratiques de l'ordre le plus mystique, dans notre religion catholique, se distinguent par leur simplicité native, par l'affinité qu'ils ont avec les tendances les plus régulières de notre nature humaine.

Familles croyantes et justement éplorées, que deviendriez-vous, à ce moment de votre deuil déjà si accablant, si vous n'aviez pas *la foi*, qui est pour vous le motif et le gage de l'espérance?... Que deviendriez-vous, si on vous enlevait la certitude qu'entre vos chers morts et vous tout n'est pas fini, et que par conséquent vous pouvez faire pour eux quelque chose, vous qui leur eussiez donné vivants votre fortune et votre vie ?

En élevant cette question, familière au premier aspect, jusqu'à des proportions qui ne sont pas excessives, le culte religieux envers les morts, tel qu'il se pratique dans l'Église catholique, est une péremptoire et populaire démonstration de cette thèse universelle qu'on appelle l'alliance de la nature et de la grâce, de la liberté et de l'autorité, de la raison enfin et de la foi.

Chrétiens pieux qui priez ainsi, vous êtes de puissants théologiens, je vous l'assure!

XXV

Espérez en Dieu.

Il est dans l'humanité un sentiment, dans le christianisme une vertu, qui sont aux êtres séparés, persécutés, malheureux enfin, tout ce qu'on peut imaginer de plus consolateur. Parlons surtout de la *vertu*, car le *sentiment* est renfermé en elle, puisqu'il lui sert de base.

Avec elle, tout est supportable : humiliations, pauvreté, exil, privations et séparations de tout genre, tout enfin, et la mort même. Sans elle, au contraire, aucune disgrâce, aucune tristesse ne sauraient être vaillamment soutenues.

C'est elle qui nous apprend à attendre, en créant

en nous cette disposition chrétienne qui a nom la patience : la patience, vertu des forts!

C'est elle qui anima nos soldats quand ils voyaient se dresser devant eux les difficultés monstrueuses de cette guerre ; c'est elle qui les fit si glorieusement mourir quand ils aspiraient à vaincre ; c'est elle qui consola leur dernier soupir quand, par delà les horizons qui fuyaient à leurs yeux, ou plutôt devant lesquels leur regard s'éteignait, ils entrevirent et saluèrent de loin une patrie meilleure encore que cette belle France où ils naquirent, où ils vécurent, où ils eurent une mère, des sœurs, une épouse et des fils, et où ils meurent maintenant!

J'ai nommé l'espérance. Il faudrait être un ange pour en parler dignement, car l'espérance est une vertu céleste... Mais elle est tout entière pour les hommes.

L'espoir purement humain, *sentiment* de nature, est déjà une bonne et belle chose. Il a une valeur qu'on apprécierait sainement si on pouvait mesurer la profondeur de l'abîme d'où il retire ou dont il préserve : le désespoir.

L'espérance, vertu essentiellement chrétienne, a pour objet les biens surnaturels de cette vie et de la vie future; et c'est pourquoi elle a surtout sa raison d'être quand tout espoir de salut humain a disparu. Elle naît au milieu des ruines de ce monde. C'est quand les hommes ne peuvent plus rien qu'elle envoie son rayon consolateur.

Egalement surnaturelle dans son motif, elle s'appuie avant tout sur la promesse de Dieu, sur sa parole qui ne trompe pas. Elle est la sœur de la confiance en Dieu, « sans la permission duquel pas un cheveu ne tombera de notre tête, » même au milieu de ces sanglantes débauches des hordes les plus cruelles!

Et c'est de ce motif et de cet objet, recherchés au-dessus de la terre, que l'espérance, qui n'était qu'un sentiment, a pris sa qualité de *vertu*.

N'espérons plus, mon âme, aux promesses du monde!

a dit un de nos poëtes.

« Espérez en Dieu et faites le bien ; habitez ainsi la terre où il vous a placé, et vous serez nourri de ses richesses. »

« Aucun n'a espéré en lui et n'a été confondu. »

« Quand même il me tuerait, j'espérerais en lui, » a dit la sainte Ecriture.

Voilà de nobles élans, de magnifiques expressions, des sentiments qui font du bien à l'âme, parce qu'ils révèlent une vertu qui retrempe les cœurs.

L'objet surnaturel de l'espérance chrétienne peut être ainsi divisé : le *pardon* aux coupables, la *grâce* aux faibles, la *gloire* aux morts.

Fondée sur les promesses divines et sur les mérites du Sauveur, cette espérance n'est ni aveugle ni présomptueuse. Elle regarde comme possible, comme certain, tout ce qu'il y a de meilleur et de plus haut : « Dieu est tout-puissant; il a promis, il est fidèle; il peut *tout* donner et il donnera *tout !* »

Pardonné et fortifié, le chrétien le plus humble devient légitimement ambitieux jusqu'à espérer la glorieuse éternité, et il sait qu'il n'en sera pas frustré.

C'est ce qu'on appelle, en langage ordinaire, *le salut;* le salut des nôtres, notre salut à nous, le salut de la famille et le salut de la France !

« Nous n'avons pas ici-bas une demeure permanente, mais nous en cherchons une à venir, éternelle dans les cieux! » Nous ne la cherchons que parce que nous l'*espérons*.

Nous déroulerons plus tard les principales pages du livre qui a pour titre : *le Salut de l'homme et de l'humanité*. Renfermons-nous, en attendant, dans le sanctuaire plus intime de notre foyer domestique, où notre cœur a tant intérêt d'espérer.

Espérez donc leur salut éternel, malgré les faiblesses de leur nature et les infirmités de leur caractère, malgré leurs passions, malgré les erreurs qu'ils ont commises, malgré le mal qu'ils ont pu faire. Que voulez-vous : ils étaient fragiles bien plus encore que méchants. Ils furent si faibles et si bons, si faibles par leur bonté même !

Et puis, Dieu est si bon, lui, et il les a tant aimés ! Ce que nous connaissons le moins en Dieu, c'est sa miséricorde, par la raison bien simple que sa miséricorde est ce qu'il y a de plus grand ; elle est si étendue qu'elle n'a pas de mesure...

Jésus-Christ est mort pour le salut de chacun de ces enfants de nos malheureuses batailles ; et on peut dire qu'en mourant pour l'honneur, la justice et la vérité, ils sont morts aussi pour Dieu. « Espérez donc beaucoup en Dieu » pour le salut des vôtres.

C'est vrai, les morts violentes ont leur inconvénient au point de vue religieux de l'âme ; mais elles ont bien cependant leur avantage. Croyez-vous qu'aucun soit allé au feu sans faire son acte de contrition et son acte d'amour de Dieu ? Non. Et quel acte que celui-là !... dans un moment aussi solennel, aussi triste !

Croyez-vous qu'aucun, en tombant sous une balle ou sous un coup de sabre, ait manqué de pousser le cri du marin dans la tempête : « Mon Dieu ! mon Dieu ! mon Dieu ! » Or, il y avait dans ce cri tout une prière, tout un sacrifice, tout un martyre !

Il faudrait n'avoir aucune idée du soldat français, du soldat chrétien, pour méconnaître les sentiments dont leur cœur doit être rempli à cette heure dernière.

On se souvient de Bayard, transporté, blessé à mort, au pied d'un arbre. Il planta en terre son épée, de manière que la garde formât les deux bras d'une croix, et puis, se découvrant par respect, il fit à Dieu la prière des derniers instants, la recommandation de l'âme : « Mon Dieu ! je remets mon âme entre vos mains ! » Ils n'y auront pas tous mis cette simplicité solennelle, car le génie n'est pas commun ; mais ils auront tous pensé ce que Bayard a dit, et par le cœur ils ont dû accomplir ce qu'il a fait.

Mais que votre espérance pour eux ne soit pas oisive; qu'elle ne sommeille pas, qu'elle ne s'endorme pas.

Je vous indiquerai tour à tour la série des œuvres par lesquelles les vivants peuvent encore aider les morts.

« Espérez en Dieu et faites le bien, » voilà le conseil inspiré : le bien que vous ferez s'ajoutant aux mérites de Jésus-Christ sera le principal motif de votre espérance.

Raisonnez de même en ce qui vous concerne : espérez votre salut, car vous avez fait beaucoup pour l'obtenir ; mais continuez, car « la seule fin couronne nos œuvres, » et « ceux-là seuls qui auront persévéré jusqu'à la fin seront sauvés. » Offrez surtout à Dieu cette méritoire tribulation de votre cœur à l'heure présente. Soyez améliorée et plus tard sauvée par la mort de votre fils ou de votre époux!

Portez désormais plus généreusement le poids des devoirs et le fardeau de vos douleurs. Dieu, qui n'a pas eu besoin de vous pour vous créer, s'est imposé de ne point vous sauver sans votre participation. Notre salut est le double fruit de la volonté divine et de la volonté humaine, le prix éternel du travail de Dieu et de notre travail à nous!

Surtout, ne vous découragez pas, ne vous laissez pas abattre. Usez avec votre douleur des précautions que vous conseilleriez à un autre... Relevez l'espérance de ceux qui vous entourent et qui pleurent avec vous; parlez-leur de la vie meilleure où l'on se retrouve; parlez-leur du ciel, où leur frère et ami vous a tous devancés. Soyez l'*ange de l'espérance* en votre foyer.

Une poëte a fait dire à un affligé :

Mon cœur lassé de tout, même de l'espérance...

Eh bien, non; quand même vous seriez *lassé de tout*, ne le soyez jamais *de l'espérance*. Trouvez-en de nouveaux motifs, jusque dans ce qui humainement vous en détournerait. Autres sont les voies de Dieu, autres sont celles des hommes. Livrés à nous-mêmes, nous cherchons toujours par des sommets le but de nos mortels désirs, tandis que Dieu nous conduit par des abîmes au terme de nos immortelles espérances. Le plus signalé de ces abîmes, c'est la tombe.

Si vous comprenez ces choses, la douleur, les privations, la mort même doivent vous apparaître moins malfaiteurs désormais; que dis-je? ils vous seront presque souriants. Nos malheurs ont créé l'espérance, et l'espérance est la vertu qui relie la terre aux cieux !

XXVI

Espérons pour la France.

Peut-être y a-t-il quelque exagération à dire que l'espérance ne peut pas avoir pour objet les choses de ce monde sans cesser d'être une vertu chrétienne. Ce qui fait surtout la vertu, c'est le *motif*, c'est le *but* immortel auquel nous rapportons nos espérances les plus mortelles.

Espérons la paix pour notre patrie, l'honneur pour notre chère France !

Espérons que tous les sacrifices qu'elle a faits ne seront pas perdus pour elle !

Espérons qu'elle retrouvera au moins le prix du sang qu'elle a versé, cette grande nation dont on a inhumainement ouvert toutes les veines !

Espérons qu'elle sera retrempée, raffermie, renouvelée, rajeunie dans ce creuset où elle a tant souffert.

Espérons qu'elle profitera de tout, même de la malice de ses ennemis, qui sont les fléaux de Dieu.

Espérons que, son martyre ayant effacé ses fautes, elle reprendra, à la tête des nations, une prépondérance dont elle n'usera plus que pour le triomphe de la vérité et le règne de la vertu...

Espérons que l'adversité la ramènera aux autels, à Dieu !

O France, France ! « Ils ont dit que c'était ta tombe et moi je soutiens que c'est ton berceau ! »

Ils t'ont clouée en croix comme le Christ; ils veulent te jeter au sépulcre comme lui, mutilée et vaincue ! Et moi, je vois d'ici la pierre qui se lève, les sceaux de l'empire germanique brisés : je vois tes gardes foudroyés, tes ennemis aux abois... Et je crois entendre une voix répondant à ceux qui viennent s'agenouiller sur ta dépouille : « Que cherchez-vous? la reine des nations n'a fait que passer dans la région des peuples abaissés. Elle est sortie de là, glorieuse et triomphante; elle a vaincu ses vainqueurs !

» O barbares, où est donc votre victoire ! »

Cette parole consolatrice, c'est l'*ange de l'espérance* qui la dit aux Français.

Et *cet ange de l'espérance*, c'est chacun de vos fils qui mourut pour défendre la France !

XXVII

Ils ressusciteront!

Ceci est une page de pure théologie, mais aucun de mes lecteurs n'est incapable de la porter, tous au contraire la réclament.

« Je sais que mon Rédempteur est vivant, et au dernier jour je sortirai de la terre, et dans ma chair je verrai mon Dieu. Cette espérance a été déposée dans mon sein. »

Ainsi parlait jadis un patriarche de l'Idumée, au moment où ses membres étaient couverts d'ulcères, déchirés par des plaies affreuses... C'était sur son *fumier* immortalisé que Job faisait entendre le cantique de sa résurrection !

Enseignement salutaire à l'humanité broyée,

morte, ensevelie... Le sépulcre du plus simple d'entre nous doit être transformé en un glorieux berceau !

Quand on admet les divines Ecritures, il est impossible de n'avoir pas à la résurrection des corps une foi absolue.

Le prophète appelle au jugement dernier les *ossements arides.*

Notre-Seigneur Jésus-Christ nous a promis vingt fois cette résurrection. Comme gage assuré de sa promesse, il s'est ressuscité lui-même.

La doctrine *catholique* de la résurrection des corps a donc commencé avec le christianisme. C'est un article de notre symbole, aussi avéré, aussi certain que la croyance en Dieu, à la divinité de Jésus-Christ, à l'Eglise... « Je crois à la résurrection des morts et à la vie éternelle, » répète tous les jours l'humanité catholique.

L'apôtre saint Paul entre, à cet égard, dans des détails de preuves et de transformation où son génie se montre dans toute sa puissance :

« Nous ressusciterons tous ! » dit-il. Et encore :

« Il faut que ce quelque chose de mortel revête

l'immortalité, que ce quelque chose de corruptible revête l'incorruptibilité. »

« Celui qui a ressuscité Jésus-Christ d'entre les
» morts vivifiera vos corps mortels. » « Il réformera
» le corps de notre humilité et le rendra conforme
» à son corps glorieux. » « Si les morts ne ressus-
» citent pas, le Christ lui-même n'est pas ressus-
» cité. » Quelles affirmations et quelles preuves !

La tradition chrétienne n'a jamais admis ici la plus légère variation. Tous les docteurs et tous les Pères, c'est-à-dire ce que les siècles eurent de meilleur en génie et en sainteté, ont affirmé aux générations mortelles cette espérance, contre laquelle, certes, elle n'a pas grand intérêt à se récrier.

« A la fin des siècles, » dit saint Augustin, « tout le genre humain se lèvera comme une seule moisson ; l'essai en a été fait dans le principal grain. »

Voici quelques expressions de notre immortel Bossuet :

« Il faut que ce corps soit détruit jusqu'à la poussière. La chair changera de nature; le corps prendra un autre nom : même celui de cadavre ne lui demeurera pas longtemps; la chair deviendra un je ne sais quoi qui n'a plus de nom dans aucune langue ; tant il est vrai que tout meurt en eux, jusqu'à ces termes funèbres par lesquels on exprimait ces malheureux restes ! »

Il était, certes, impossible de peindre en des traits plus énergiques l'horreur du sépulcre. Aucun de nos soldats, perdus dans les fossés de Wissembourg, n'est descendu plus bas.

Attendons la fin :

« Mortels, apprenez votre gloire ; terre et cendre, écoutez attentivement les diverses opérations qui se passent en vous... Dieu s'étant mis en possession de nos corps, ni aucune violence ni l'effort de la corruption ne peut les lui enlever. Tôt ou tard il rentrera dans son bien et retirera son domaine.

» O chair, j'ai eu raison de te dire qu'en *quelque endroit de l'univers que la corruption te jette et te cache*, tu demeures toujours sous la main de Dieu. Et toi, terre, mère tout ensemble et sépulcre commun de tous les mortels, en quelque sombres retraites que tu aies englouti, dispersé, recélé nos corps, tu les rendras tout entiers ; et plutôt le ciel et la terre seront renversés qu'un seul de nos cheveux périsse, parce que Dieu en étant le maître, nulle force ne peut l'empêcher d'achever en eux son ouvrage. »

Voici l'opinion d'un philosophe du dernier siècle :

« Nous savons que les corps des saints sont habités par le Saint-Esprit jusqu'à la résurrection qui se fera par la vertu de cet esprit qui réside en eux pour cet effet... C'est pour cette raison que nous honorons les reliques des morts, et c'est sur ce vrai principe que l'on donnait autrefois l'eucharistie dans la bouche des morts, parce que, comme on savait qu'ils étaient le temple du Saint-Esprit, on croyait qu'ils méritaient d'être aussi unis à ce saint sacrement. L'Eglise a changé cette coutume, non pas qu'elle croie que ces corps ne soient pas saints, mais par cette raison que l'Eucharistie étant le pain de vie et des vivants, il ne doit pas être donné aux morts. Ils n'ont donc pas cessé de vivre, mais ils commencent à vivre; et leur corps lui-même, tout voué qu'il soit à la décomposition, n'en est pas moins le temple inviolable et éternel du Saint-Esprit.

» Corrigeons donc, par l'attention à ces vérités

consolantes, les mouvements d'horreur qui nous sont si naturels (1). »

Jamais l'espérance ne fut plus éloquente, jamais la certitude n'a parlé plus haut ! Ne doutez pas, chrétiens, ne doutez pas !

Certes, quand on a, par tous les plus nobles instinct de son être, tant d'intérêt à ne point douter, on est bien heureux de voir ces promesses évangéliques ainsi démontrées par la parole qui prononça les oraisons funèbres du grand siècle, par la plume qui écrivit l'*Histoire universelle* et le livre immortel de la *Connaissance de Dieu et de soi-même*.

Et quand on écrit pour instruire et pour consoler des frères en deuil, on est bien secouru, bien consolé soi-même de rencontrer, n'ayant qu'à les transcrire, à côté des textes inspirés de Dieu, ces affirmations des hommes de génie !

Saint Paul et Bossuet sont les consolateurs des mères de nos soldats français ; et Jésus-Christ leur a dit avant tous : « Celui qui croit en moi vivra, quand même il sera mort ! »

Avant que la théologie nous prodiguât ces glo-

---

(1) Pascal.

rieuses affirmations, la plus simple philosophie devait conseiller aux tristes de ce monde les espérances qu'elles renferment.

La résurrection des corps suppose l'existence d'un Dieu créateur, conservateur, rémunérateur; elle a pour point d'appui l'immortalité de l'âme, la vie future, la sanction donnée à l'accomplissement du bien ou du mal, la juste répartition des récompenses et des châtiments : conduite définitive et nécessaire d'un Dieu que la bonté ne dispense pas de la justice envers ses créatures.

Mais si tous ces dogmes existent comme une nécessité divine et humaine, la résurrection des corps en est une conséquence inévitable, un indispensable corollaire.

Le mérite et le démérite ont été partagés entre l'âme et le corps avec une telle solidarité, que l'un a été l'instrument, le serviteur de l'autre.

Quand nos soldats, quand vos fils et vos frères ont été tués à Wissembourg, ou à Longeville, ou sous les murs de Paris, c'est leur corps qui a été fusillé, mitraillé, canonné ; mais c'était leur âme qui les poussait en avant, qui obéissait au commandement, aimait le drapeau, servait la patrie et Dieu!

L'âme et le corps ne faisaient qu'*un* en ces braves. Et ces deux parties extrêmes d'eux-mêmes agissaient de concert. Comme l'âme obéissait à la voix de la France et de Dieu, leur corps obéissait à la voix de l'âme. Le corps s'est fait tuer pour demeurer fidèle au courage et à l'honneur de l'âme.

Et maintenant :

L'âme demeure immortelle, et puisqu'il y a un Dieu et une justice distributive, cette âme sera récompensée de sa bravoure, contrairement aux âmes lâches et honteuses, aux âmes des déserteurs ou à celles des traîtres.

C'est justice, c'est nécessité : Dieu ne saurait être compris sans cela !

Et l'on voudrait que la main qui a tenu le fusil ou le sabre de l'honneur, que les pieds qui ont exécuté ces marches forcées et glorieuses, que la poitrine qui a affronté ces balles et qui les a reçues, que les membres enfin qui ont porté ces veines et ce sang fussent à jamais ensevelis dans ces décombres, sans qu'aucune compensation les en vint retirer !!

C'est impossible !

Devant la justice du pays triomphant ou sauvé, les soldats ne valent pas moins que les capitaines, et devant la justice de Dieu, les corps ont autant mérité que les âmes.

Nier la résurrection et la félicité future des corps ce serait accuser ou la justice de Dieu ou sa puissance; ce serait nier son existence; car il n'existe pas si sa justice ne peut atteindre tout ce qui a bien mérité d'elle.

Courage donc, ô parents des braves ! courage et espérance, espérance et certitude ! Bien autrement que vous, Dieu saura reconnaître les siens. Les glorieuses mutilations qu'ils ont subies et les décompositions nécessaires du tombeau ne leur enlèveront pas leur titre d'enfants de Dieu, d'héritiers du Royaume éternel !

Dieu a été le créateur de *leur corps* aussi bien que de leur âme.

Le Christ a racheté *leur corps* aussi bien qu'il a racheté leur âme.

Il s'est ressuscité dans *son corps* mortel, lui dont l'âme était éternelle, divine !

Il nous a promis la résurrection *des corps*, à nous dont les âmes sont *immortelles !*

Vos époux et vos fils ont combattu et mérité avec *leur corps* aussi bien qu'avec leur âme.

Dieu est juste et bon ; il est puissant et il est fidèle.

Concluons :

J'attends avec espérance, avec certitude, la glorieuse transformation de leur humanité corporelle.

Je crois à la résurrection des morts.

J'ai besoin d'y croire, je suis heureux d'y croire.

XXVIII

Les ressuscités du Sauveur.

Un philosophe chrétien (1) a dit :
« Il importe de bien méditer ces vérités, afin de nous affermir nous-mêmes contre la crainte de la mort, qui est si extrême dans les hommes, qu'elle est capable de leur faire perdre l'esprit quand on leur annonce qu'il faut mourir. On a grand besoin de se prémunir contre cette crainte : ce qui se fait principalement en méditant les promesses de l'Evangile contre la mort... »

Il faut se bien convaincre que Jésus-Christ a

---

(1) Pascal.

vaincu la mort. La conclusion naturelle sera qu'il peut la vaincre encore. On ne saurait appeler *impossible* ce qui a historiquement existé.

« Or, un jour, notre Seigneur étant entré chez le prince de la synagogue, il y trouva toute la famille dans les gémissements. La fille de cet officier venait de mourir. La pauvre enfant avait douze ans à peine. « Tranquillisez-vous, » leur dit-il : « cette jeune fille n'est pas morte; seulement elle dort. » La mort, en effet, n'est pas autre chose pour lui qu'un sommeil. Et il fallut bien en croire à sa parole; car ayant daigné prendre l'enfant par la main, il lui dit : « Jeune fille, lève-toi. » Et elle se leva. « Prends de la nourriture, » ajouta-t-il, afin de faire bien voir que ce n'était pas une illusion ; « et elle en mangea. »

Ce fut sa première victoire sur la mort. La dépouille de l'enfant était tiède encore ; la mort venait de la toucher à peine. Elle n'en portait pas d'autre flétrissure qu'une pâleur qui n'a rien de comparable dans les êtres vivants.

Un autre jour, le Sauveur cheminant avec ses

disciples, rencontra un convoi funèbre. On portait en terre un jeune homme, fils unique d'une veuve qui habitait la bourgade de Naïm.

Inutile de raconter la douleur et les larmes de cette femme. Il suffit de dire qu'elle était là et pourquoi elle y était. Une mère qui accompagne au cimetière le corps inanimé de son fils unique : toute peinture affaiblirait ce simple exposé.

Le Sauveur la vit, et « il fut ému de compassion sur son sort. » Voilà l'homme avec sa nature humaine, avec sa compatissance mortelle. Oh ! qu'il fait bon le voir ainsi !... Il arrêta le convoi d'un tel ton d'autorité que les porteurs du mort lui obéirent... Sa première parole fut pour la mère : « Femme, » lui dit-il, « ne pleurez pas ! » Quel prophète aurait eu le courage de donner un pareil conseil à une mère, s'il n'eût eu la puissance de lui rendre son fils ?

« Alors il se tourna vers le jeune homme et il lui dit : « Jeune homme, c'est moi qui te l'ordonne, lève-toi ! » Et celui qui était mort se leva, et Jésus le rendit à sa mère, » heureuse, consolée, plus heureuse certainement que si elle ne l'eût point pleuré mort.

J'ai dit qu'on le portait en terre. La mort avait donc accompli son travail de destruction ; et par cette parole : *Jeune homme, lève-toi,* c'est à la mort autant qu'au jeune homme que Jésus avait intimé son ordre ; et la mort avait obéi, vaincue et presque généreuse.

Voilà le Dieu manifesté dans sa puissance qui ressuscite le fils, dans sa bonté qui console la mère, car c'est pour elle qu'il l'a rappelé à la vie.

Enfin, voici la mort dans ce qu'elle a de plus affreux : Lazare est mort, enseveli, enterré, déjà pourri et puant (1).

C'est un spectacle horrible. Jésus en frémit, Jésus en pleure. Voilà l'homme, avec son émotion et avec son cœur, avec ses larmes humaines. Il aimait Lazare, il l'appelait son ami ; et en le voyant ainsi humainement bouleversé, les témoins de cette scène se disaient entre eux : « Voyez donc comme il l'aimait : il pleure ! »

Il avait dit : « Cette maladie ne va pas jusqu'à la

---

(1) Bossuet, *Méditations sur l'Évangile.*

mort, mais elle est pour la gloire de Dieu. » Lazare en mourut pourtant ; mais le Sauveur voulait dire que la mort serait vaincue et le Fils de Dieu glorifié par cette victoire (1).

Il poursuit : *Lazare, notre ami, dort, mais je vais le réveiller.* Il ne fait pas de différence entre ressusciter un mort et réveiller un endormi.

A mesure qu'il avance, il paraît de plus en plus le vainqueur de la mort. Marie, sœur de Lazare, lui dit :

« Maître, si vous aviez été ici, mon frère ne serait pas mort ; mais je sais que Dieu vous accordera tout ce que vous lui demanderez.

» Et Jésus lui dit : Votre frère ressuscitera.

» Et Marthe répondit : Je sais qu'il ressuscitera au dernier jour.

» — Je suis la résurrection et la vie. Celui qui croit en moi, quand même il serait mort, vivra. Quiconque vit et croit en moi ne mourra point éternellement ; » ce qui veut dire : il ne mourra point pour jamais.

« Croyez-vous cela ? — Oui, Seigneur, je crois

(1) Bossuet.

que vous êtes le Christ, Fils du Dieu vivant, qui êtes venu en ce monde. »

Après les larmes humaines sur le défunt, la puissance divine contre la mort. Voilà l'homme et voici le Dieu : « Le temps doit venir, » dit-il, « et il est déjà venu, que ceux qui sont dans le tombeau entendront la voix de Dieu, et ceux qui l'entendront vivront. »

« Enlevez la pierre qui ferme le sépulcre. » On lui obéit en se demandant ce qu'il va faire. C'est bien. Il s'approche, se penche sur la fosse, pousse un profond soupir, adresse une prière à son Père, et crie : *Lazare, viens dehors!* Le spectre se lève; les bandelettes inutiles sont déliées, le linceul est déposé; la foule applaudit; le mort revient à la vie, et son premier regard rencontre, à côté de ses sœurs consolées, son ami tout-puissant!

« Il a vaincu la mort dans le tombeau et au milieu de la pourriture, » dit toujours Bossuet.

Il a rendu une fille à son père, un fils à sa mère, un frère à ses sœurs. Est-ce suffisant pour nous informer de sa puissance et de sa bonté?

O pères, ô mères, ô sœurs, ô amis de tous ces chers trépassés! le Sauveur tout-aimant et tout-puissant vous les rendra un jour tout entiers, et il vous rendra à eux !

Espérez, espérez jusqu'à ce que vienne votre transformation !

Faut-il ajouter que le Sauveur a vaincu la mort en sa propre personne d'une manière bien plus éclatante encore? Il n'a pas seulement vaincu la mort, mais la mortalité.

Lazare, le fils de la veuve de Naïm, la fille du prince de la synagogue, ont dû retourner au tombeau plus tard. Leur vie fut allongée, voilà tout. Mais lui, il ressuscita pour ne mourir plus. Et si nous n'avons point part, pour les nôtres ou pour nous, à cette résurrection temporaire qui n'est qu'un nouveau bail avec la vie, nous sommes sûrs d'avoir part à la résurrection finale, qui est le commencement, le prélude et le gage de l'immortalité.

Ce qui s'est fait dans le chef s'accomplira dans les membres... Notre immortalité perdue était de pouvoir *ne pas mourir*. Notre dernière immortalité, reconquise à la suite du Christ ressuscité, sera de *ne pouvoir plus mourir*.

XXIX

Dieu aime nos morts.

Partis des rivages humains de la philosophie pour aller à la découverte d'une consolation digne d'être goûtée, nous voyageons maintenant en plein océan de la vérité catholique.

La *foi* est la vertu fondamentale; l'*espérance* est une vertu très-consolatrice, mais la *charité* est encore la première et la plus grande des trois; car il est écrit : « Vous aimerez le Seigneur votre Dieu de tout votre cœur et votre prochain comme vous-même. En ces deux commandements, qui n'en font véritablement qu'un, réside toute la loi et les prophètes. » Et encore : « Celui qui aime a rempli la loi. »

Qui de nous voudrait manquer à une obligation si importante? Personne.

La dévotion envers les morts est un des exercices les plus admirables, les plus directs, les plus faciles de la charité chrétienne dans ses deux objets : Dieu, nos frères.

Dieu d'abord (1) :

Il est certain que Dieu aime divinement ces êtres que nous poursuivons de notre amour humain et que nous voulons secourir par nos œuvres affectueuses.

Il est leur Créateur, leur Sauveur, leur fin dernière. Il les connait, il les considère, il s'attendrit sur ces âmes ; car elles sont belles, elles sont justes, elles sont prédestinées. Dieu est pour elles une *récompense* aussi assurée qu'elle est grande.

Sorties de ce monde en l'état de justice, elles ne peuvent plus risquer leur salut.

Mais, nonobstant cet amour, Dieu les tient écar-

---

(1) Il faut supposer ici comme démontrée la thèse du purgatoire. Tout se relie, dans l'exposé des doctrines catholiques. Les dogmes tiennent aux dogmes : les œuvres et les vertus leur sont correspondantes ; mais on ne peut pas tout enseigner à la fois.

tées de lui, en état d'expiation et de pénitence, en état d'une souffrance nécessaire, parce que leur pureté n'est point encore assez parfaite.

Il faut se représenter ici la condition d'un père, d'une mère même qui, pour écouter la justice par égard pour le respect qu'ils se doivent à eux-mêmes, consentent à punir un enfant tendrement aimé... Leur amour n'étant pas de la faiblesse, ils persistent dans la sévérité, sachant bien que le premier puni, c'est eux; obéissant à cette parole : *Il le faut;* appelant de leurs vœux l'intervention affectueuse d'un ami ou d'un parent qui sauve leur dignité et leur cœur.

La justice de Dieu a des sévérités auxquelles il ne saurait être dérogé; son amour a des impuissances qui ne font nul échec à sa liberté, puisqu'elles dépendent de lui et qu'elles constituent le parfait équilibre entre les facultés divines.

Mais étant donnée la possibilité d'une satisfaction (1) médiatrice, c'est offrir à Dieu ce qui peut

---

(1) Cette théologie suppose également le dogme de la *communion des saints*. Deux thèses encore corrélatives et s'expliquant l'une par l'autre.

lui être le plus agréable que de hâter le moment où il sera tout entier à ces âmes et pour toute l'éternité.

On peut dire qu'il est rendu heureux par la contrainte qu'on lui fait en priant, en jeûnant, en faisant des aumônes, en se portant caution pour ces chères âmes, en payant leurs dettes.

La justice est satisfaite, puisqu'elle n'est en rien frustrée de ses droits; l'amour est comblé, puisqu'il reçoit et embrasse plus tôt des âmes éternellement aimées.

On peut ajouter, dans un langage familier, que Dieu *ne demandait pas mieux* que d'être ainsi vaincu sans déroger à aucune de ses divines exigences.

C'est un grand honneur, pour un être aussi simple que l'homme, de pouvoir se dire : « Je suis le *coopérateur* de Dieu dans l'œuvre de la rédemption; je suis en quelque sorte son *bienfaiteur*. »

Je n'aime pas les expressions étranges, les efforts d'imagination tendant à dénaturer la vérité pour la rendre trop belle ou trop bonne : la vérité n'a pas besoin qu'on lui prête des formules exagérées.

Mais il me semble que ces termes sont exacts, théologiques.

Coopérer, qu'est-ce à dire, sinon *travailler avec*, concourir efficacement ?

Supposons qu'un général en chef prenne, au début de la guerre, un simple soldat à qui il reconnaît le génie stratégique, — votre fils par exemple, — et qu'il lui dise : « Viens, je vais t'expliquer mon plan de bataille; je vais incarner mes projets dans ta tête, les faire passer dans ton cœur; tu ne seras pour moi ni un scribe ni un fournisseur; tu seras le reflet de mon idée, mon lieutenant partout; et quand l'ennemi aura été chassé, refoulé, vaincu, je demanderai à la patrie deux couronnes au lieu d'une, car la victoire aura deux auteurs, deux pères. » Voilà la coopération vraie, celle qui *coagit*, celle qui sait pourquoi et comment.

Si Dieu, voulant « créer de nouveaux cieux et une nouvelle terre, » daignait tenir le même langage à un mortel, et si, le prodige de cette création étant achevé, il proclamait de lui, en le montrant aux habitants émerveillés de cette jeune planète, cette affirmation : « Celui-ci m'a aidé efficacement quand j'allumai votre soleil, quand je creusai ces abîmes ; il a été mon coopérateur dans l'œuvre créatrice, dans l'enfantement de ce monde nouveau!... » de quel respect et de quels honneurs ne serait pas jugé digne un mortel aussi favorisé? Or, ce mortel, nul de nous ne l'a rencontré ni ne le rencontrera jamais.

Voici pourtant quelque chose de plus fort, une situation bien autrement honorable pour l'humanité. Dieu lui a dit : « Je t'associerai à moi, à ma pensée et à mon action dans l'œuvre suréminente de la rédemption des âmes. Je vais te dire *comment* : Tu prieras, tu satisferas pour tes frères souffrants. Je vais te dire *pourquoi* : Parce qu'ils sont mes êtres, parce que je les aime, et que ma justice, néanmoins, ne les laissera venir à mon amour que lorsqu'ils auront « payé jusqu'à la dernière obole! » Comprenez-vous cela?

Coopérateur, coopérateur à l'œuvre divine : la qualification n'a rien d'exagéré pour ceux qui prient, qui offrent le sacrifice, qui expient, qui *satisfont*, en un mot, pour les trépassés.

Le titre de bienfaiteur de Dieu n'est pas plus

usurpé, puisqu'on lui donne prématurément ce qu'il n'avait pas encore : des âmes qu'il aime et dont il est aimé !

Ici la dévotion envers les morts confère plus qu'un honneur à celui qui s'y livre : elle le constitue créancier de la bonté et de la reconnaissance même de Dieu.

Ce n'est pas « un verre d'eau froide donné à un pauvre au nom de Dieu, » mais c'est Dieu lui-même donné à une âme; c'est une âme donnée à Dieu. C'est par conséquent un acte de charité aussi complet, aussi parfait qu'il soit donné à l'homme de le pratiquer ici-bas.

On dit que la charité languit et que Dieu n'est pas assez aimé en notre siècle, en notre France. Hélas ! ce refroidissement n'est que trop vrai. En se dirigeant désormais vers les temples afin d'y prier pour les morts, les chrétiens en deuil établiront avec celui qui est le Dieu de tous une communauté de sympathies, de regrets et de larmes. La guerre si meurtrière aura encore été un de ces remèdes qui sauvent, en rapprochant du Dieu qui relève une nation humiliée.

Aux autels, âmes charitables, aux autels du Dieu qui sauve les vivants et qui aime les morts !

En relisant ce chapitre un mois après l'avoir écrit, je le trouve *vrai* comme une exposition théorique des attributs de Dieu; mais il me semble *froid*, comme une dissertation sur ces attributs.

J'ai surtout le dessein de parler au cœur dans ce livre; car c'est le cœur qui souffre et qui a besoin d'être consolé; mais toute consolation, pour être efficace, doit être fondée sur la vérité et s'adresser aussi à la tête, par conséquent.

Dieu nous a donné les chers nôtres, et puis il nous les a repris, toujours trop tôt, hélas !

Saint Augustin dit à Dieu : « Seigneur, vous avez rappelé à vous cette mère que vous m'aviez *prêtée !* » Admirable expression qui indique combien nos vies sont empruntées et combien tout appartient à Dieu.

Rendez à Dieu ce qui est à Dieu.

Et consolez-vous de savoir que ce n'est ni à un

ennemi ni à un indifférent que vous cédez, que vous confiez, que vous rendez les vôtres, mais à Celui qui est leur Créateur, leur Père, leur ami, à Celui qui les aime plus que la parfaite mère n'aime son enfant; à Celui de l'amour duquel tous nos amours humains sont une dérivation, et vers l'amour duquel tous nos amours doivent remonter!

XXX

L'armée catholique.

La théologie compare l'Eglise à une armée dont l'unité fait le principal caractère :

Unité dans la doctrine : nous faisons tous profession de la même foi.

Unité dans les œuvres : nous suivons les mêmes commandements et nous participons aux mêmes sacrements.

Unité dans la hiérarchie : nous demeurons soumis au même chef invisible, qui est le Christ, au même chef visible, qui est son vicaire.

Mais cette Eglise *une*, cette armée unie se distribue en trois corps bien distincts :

Il y a ce qu'on appelle l'*Eglise militante*. Nous

en sommes les soldats, nous qui vivons encore et qui combattons contre les ennemis du dehors et contre ceux du dedans, contre tout ce qui s'oppose extérieurement à notre salut et contre toutes ces puissances hostiles qui s'appellent nos passions.

Eglise militante qui verse des larmes et du sang, qui est tentée et qui mérite, qui succombe et se relève ; qui connaît les âpres sentiers et les chemins pierreux, les accablants soleils, les glaces et les neiges, et les nuits sans sommeil ; qui est enfin toujours debout et toujours en armes pour défendre la citadelle de l'âme, où repose cette richesse incomparable qui s'appelle la vertu.

Le rôle de l'Eglise militante ne fut jamais facile à comprendre comme il l'est depuis six mois. Il suffit de regarder la France se débattant fièrement contre les Prussiens de l'Allemagne et contre les Prussiens de l'intérieur.

Il y a ce qu'on appelle l'*Eglise triomphante :*
Phalanges couronnées de ceux qui ont vaincu définitivement après avoir soutenu la lutte jusqu'à la dernière extrémité ; car il est écrit : « Nul n'est couronné, s'il n'a légitimement combattu. » Et

encore : « Celui-là seul sera sauvé qui aura persévéré jusqu'à la fin. »

C'est le peuple de cette incomparable patrie qu'on appelle *le ciel.*

Apôtres, martyrs, pontifes, vierges, saintes femmes, justes et saints de tout ordre et de toute condition, de tout âge et de toute patrie terrestre, ils forment une compagnie tellement nombreuse que nul ne peut la compter.

Le Christ, premier vainqueur du monde, de la mort et de tout mal, est à leur tête. De ces bataillons, plus aucun soldat ne périt ni ne peut périr ; car ils ne combattent plus. Au contraire, leurs rangs s'augmentent et se renforcent, pour une glorification plus universelle, de tout soldat mortel qui tombe ici-bas les armes à la main, de tout chrétien qui passe de ce monde, emportant avec soi l'honneur de la vertu conservée ou reconquise, la grâce de Dieu fidèlement gardée ou prudemment recherchée, efficacement retrouvée dans l'expiation suffisante et dans le repentir sincère, dans l'amour de Dieu et dans les œuvres de la charité.

Oh! que ces bataillons célestes ont dû être multipliés, dans ces derniers mois, par les sacrifices de notre cher pays! Que de triomphateurs la France leur a donnés, même parmi ceux que les Allemands se vantent d'avoir vaincus!

Ils ne nous sont pas indifférents, ceux-là, car ils sont toujours les nôtres ; et je veux dire ici une parole que je devrai répéter ailleurs : « En sûreté sur leur propre salut, ils sont encore en sollicitude sur le nôtre ; » nous le savons bien.

Enfin, il y a l'*Eglise souffrante ;* et comme c'est pour l'utilité de celle-là que tout ce livre est écrit, je n'ai besoin de rien définir ici ni de rien expliquer.

Ceci est en effet une page intermédiaire, où je me borne à une simple énonciation.

L'armée catholique ! A cette seule désignation, chacun pense à la France ; car quoiqu'il y ait des dissidents parmi nos soldats, on peut dire que la partie majeure entraîne avec soi la moindre ; et les catholiques y sont en une si imposante majorité!

Nous ne les blâmerons pas, ces chers compagnons d'armes de vos fils, ces vertueux soldats venus de ces pays où les guerres de religion firent jadis tant de ravages.

Pauvres enfants! quand ils donnaient si généreusement leur sang pour la patrie, Dieu leur envoyait, en retour de leur honnêteté et de leur courage, cet instinct, ce discernement intime qui abjure l'erreur, ou cette fidélité persévérante dans la bonne foi, qui demeure convaincue que vivre et mourir dans la religion de ses pères est en même temps un honneur et un devoir, une inspiration de la conscience et un ordre même de Dieu.

Je plains sincèrement leur mère de n'avoir pas la consolation de se dire qu'elles les servent efficacement. Le culte des morts catholiques devrait être le plus sûr convertisseur des pères et des mères protestants.

Il n'y aurait alors qu'un troupeau et qu'un pasteur.

N'en désespérons pas. Disons, en attendant, que du côté des morts aussi bien que du côté des vivants, l'*armée catholique*, c'est véritablement la France.

XXXI

L'Eglise souffrante.

Si, au sortir de ce monde, les âmes des nôtres devaient entrer *nécessairement* dans une vie parfaitement heureuse, il n'y aurait aucune raison de prier pour eux, d'accomplir pour eux des expiations ou des satisfactions. On se bornerait à déposer des couronnes sur leur tombe, à penser à eux en les aimant, à attendre avec patience et certitude le moment désormais moins redoutable de notre retour auprès d'eux.

Il n'en est pas ainsi :

« La doctrine catholique nous enseigne, comme une vérité révélée de Dieu, que les âmes des justes, non entièrement purifiées en ce monde, le sont en l'autre (1). »

Le culte des morts, tel qu'il se pratique dans l'Eglise catholique, suppose comme une vérité définie l'existence du *purgatoire*.

Qu'est-ce que le purgatoire ? Est-ce un lieu ? est-ce un état ? Combien de temps doit-il durer ?... Aucun article du Symbole ne nous l'explique, et le concile de Trente, qui affirme l'existence du purgatoire, nous exhorte à ne pas nous livrer à des questions de curiosité sur cette matière.

Qu'il nous suffise de savoir qu'il faut être parfaitement pur de sa nature ou parfaitement purifié par l'épreuve pour entrer au royaume de Dieu ; que, par conséquent, le purgatoire implique l'idée, la certitude : 1° de la privation de la vue de Dieu ; 2° d'une certaine souffrance, sensible aux âmes, et qui a souvent été appelée, soit dans l'Ecriture, soit par les docteurs, *la souffrance du feu.*

Les anciens avaient imaginé, aux portes de leur Elysée, un vestibule où les morts devaient faire une halte plus ou moins longue et même subir des

---

(1) Bossuet.

châtiments plus ou moins sévères, selon les fautes qu'ils avaient commises avant d'être admis au séjour des dieux. Les Egyptiens et les Grecs ont fait mention de cette croyance dans tous leurs livres de religion.

Que prouve cette antiquité d'une part, cette universalité de l'autre ? Non pas que les chrétiens ont emprunté aux mythes du paganisme ces enseignements pour effrayer les bonnes âmes, ou ces pratiques pour enrichir l'Eglise, comme l'a prétendu Luther en reliant cette thèse à celle des indulgences : mais que les dogmes et les pratiques catholiques ont avec la nature humaine de tels rapports, que les uns et les autres reposent sur des principes professés de tout temps et chez tous les peuples.

Du reste, le dogme du purgatoire est admis et déclaré *consolant* par ceux-là même qui nient l'éternité des peines. Ne comprenant pas, disent-ils, que la punition d'un délit passager puisse être éternelle, ils comprennent mieux qu'une peine temporaire doive suivre une vie temporairement coupable.

Ainsi, à propos du purgatoire comme à propos de la plupart des autres dogmes catholiques, on peut dire que la philosophie a été à l'avant-garde de la religion, et que les philosophes ont été les aïeux et les éclaireurs des apôtres...

C'est donc, avant tout, une question de foi... pure, simple, droite. Les pratiques religieuses ne méritent l'estime, ne provoquent le zèle que par la conformité qu'elles ont avec les croyances.

La valeur d'un bienfait est toujours appréciable par le degré d'indigence où est réduit celui qui le reçoit.

Il faudrait ici exposer tout ce qu'il peut y avoir de souffrance morale dans la simple privation de Dieu infligée à des âmes.

Ceci ne peut pas être compris de tous. Les âmes ordinaires, vouées au monde et agitées dans ses tourbillons, ne sont pas à même de sentir ce qu'on peut appeler l'*absence de Dieu*, ou, mieux encore, la *privation de Dieu*.

Quand vos fils avaient les distractions occasionnées par leurs études, par leurs relations sociales, par leurs travaux de tout genre, par leurs passions elles-mêmes; quand ils avaient à vous aimer et à vous servir, quand ils étaient un *corps* en même temps qu'une *âme*, la partie spirituelle de leur être trouvait dans la partie inférieure, dans les sens, des diversions, des objets d'application qui leur rendait moins sensible le bonheur ou le malheur surnaturel, la richesse ou l'indigence spirituelles, qui résultent de la possession ou de la non-possession de Dieu.

Il faut, pour se rendre quelque compte de ceci, avoir eu dans sa vie une heure de détachement absolu des choses de cette terre, une heure de dégagement anticipé de tout ce monde dont la figure passe, et de notre propre corps, qui est la prison de notre âme : noble et divine prison dont il ne faut méconnaître ni les origines ni les destinées, mais prison cependant!

Mais à cette heure où l'âme des vôtres n'a plus de corps, où les vôtres sont une âme et ne sont qu'*une âme*, à cette heure où ils n'ont plus d'yeux, ni de mains, ni de pieds, à cette heure où toute vie extérieure, tout contact de l'ordre matériel a cessé pour ces êtres exclusivement spirituels et immortels, il n'y a plus que Dieu qui les puisse satisfaire. Il est leur principe, leur fin, leur monde, leur vie, leur tout. Il n'y a plus que lui et elles, lui pour elles, elles pour lui !

Croire que ces âmes existent, — or, elles existent, puisqu'elles sont immortelles, — c'est donc affirmer qu'elles ont besoin de Dieu, qu'elles tendent à lui de toute la puissance d'un être spirituel que plus aucun obstacle matériel n'arrête ni n'embarrasse.

C'est croire et affirmer en même temps qu'une véritable souffrance est leur nécessaire partage, tant qu'elles sont retenues, écartées, empêchées, frustrées de ce qui est leur but, leur fin dernière, l'objet de leur amour ardent et éclairé, Dieu enfin !

Attente patiemment supportée, — car on espère ici, et espérer rend patient, — mais attente très-douloureuse : tel est l'état où sont provisoirement réduites les âmes de vos amis qui souffrent en purgatoire.

Ainsi, tout leur est triste; tout, jusqu'à leurs vertus mêmes. Leur charité fait leur plus inénarrable tourment : plus elles aiment Dieu, plus elles souffrent d'en être séparées.

Leur espérance ainsi différée redouble leur impatience et leur langueur.

Je voudrais à tout prix être un bon avocat de ces chères âmes. Leur cause intéressera, jusqu'à l'amour et jusqu'aux œuvres, tous ceux qui seront éclairés. Les seuls ignorants resteront négligents.

Or, on peut encore raisonner ici en prenant pour exemple les frustrations que nous-mêmes éprouvons d'objets purement humains et légitimement aimés.

Pensez à vous : depuis le départ de votre fils ou de votre frère, vous faites ce qu'on a nommé *votre purgatoire en ce monde*. Ne sont-ce pas en cet état vos meilleurs sentiments qui vous rendent plus malheureux, plus malheureuse? Souffririez-vous autant si vous les aimiez moins et si votre vie était moins pure?

Et cependant vous aimez la vie; elle vous sourit et vous retient par quelque autre côté. Un lien rompu ne fait souvent que resserrer les liens qui demeurent.

Au purgatoire, il n'y a plus rien à attendre que de nous : les âmes qui y souffrent ont perdu la liberté nécessaire à l'acquisition de tout mérite.

Cette liberté, fruit de la rédemption, nous l'avons, nous. Usons-en dans l'intérêt de ces chères âmes.

Ils espèrent en Dieu, devant lequel ils sont justifiés, quoique non entièrement purifiés.

Abrégeons pour eux les distances qui les séparent du souverain bien, du bonheur, de la vie éternelle, de Dieu.

Abrégeons le temps assigné à leur exil et à leur souffrance, supposé que nul ne les secourût.

Ils espèrent en nous ; qu'ils ne soient pas confondus !

Prouvons-leur que nous avons gardé leur souvenir, que nous les aimons toujours !

Tout ceci se rapporte à la charité inspirée par la foi, et la charité a pour base première la tendresse que nous reçûmes de la nature.

Pères et mères; sœurs et épouses de ceux qui ont tant souffert, après toutes ces leçons je vous avertis une fois encore : il est possible qu'ils souffrent, ces chers vôtres, malgré leur honnêteté et malgré leur bravoure !

Il est si difficile qu'ils n'aient pas contracté quelques grains au moins de cette poussière humaine au milieu de laquelle ils vécurent! Plaignons-les et ne les délaissons pas.

XXXII

Donnez Dieu aux vôtres.

La charité qui nous porte à aimer Dieu en lui-même et pour lui-même nous autorise à aimer les hommes à cause de Dieu; que dis-je ? elle nous ordonne cet amour dans des conditions telles que « les deux commandements n'en font véritablement qu'un. »

Il n'est pas nécessaire de rappeler aux familles en deuil, aux épouses et aux mères surtout, le précepte d'aimer leurs chers défunts :

L'homme n'enseigne pas ce qu'inspire le ciel ;
Le ruisseau n'apprend pas à couler dans sa pente,
L'aigle à fendre les airs d'une aile indépendante,
    L'abeille à composer son miel !

Fils de la religion la plus parfaite, n'hésitez pas à appeler *divins* tous les amours humains auxquels peut être appliquée cette définition du poëte :

Le plus saint des devoirs, celui qu'en traits de flamme
La nature a gravé dans le fond de notre âme...

Oh! comme vous les avez aimés et comme vous les aimez encore, tout absents qu'ils soient, ces chers êtres que vous avez nourris, bercés, avec lesquels vous avez vécu, en la compagnie desquels vous auriez voulu mourir, puisqu'il ne dépendait plus de vous de les sauver!

Nobles amours nés de la famille et desquels la famille est née, vous êtes le chef-d'œuvre des créations morales; et quand je songe à tous les liens que le sabre de l'ennemi a brisés, ah! j'ai besoin de toute la charité que Dieu me recommande pour ne pas supplier sa justice de punir promptement et avec un solennel éclat ceux qui se jouent ainsi des plus saintes choses de l'humanité... les ambitieux et les cruels, les despotes et les fous !

Je vous avertis que sur la vieille tige de ces amours les plus humains peut être greffée une branche divine qui s'appelle *la charité*. La charité, c'est l'*amour des âmes.*

Il faut aimer les âmes des nôtres selon ce qu'elles sont. Or, comme ces âmes sont *immortelles*, il faut les aimer d'un amour efficace jusqu'à l'éternité.

Cela se peut-il? Oui, sans aucun doute.

« Où sont-ils? Qui nous le dira? Heureux les morts qui meurent dans le Seigneur. »

Qu'ils fassent partie de ce qu'on a coutume de nommer l'Eglise souffrante, et que, malgré l'effusion sublime de leur sang, il leur reste encore quelques fautes à expier aux yeux du Dieu parfait « qui juge les justices mêmes... » c'est après tout possible. Et il n'en faut pas davantage que cette possibilité pour vous exciter à les aimer surnaturellement, à les servir, à les délivrer, à les rendre heureux, à leur donner Dieu, qui fera tout leur bonheur, et le ciel, qu'ils posséderont à jamais.

Mères, épouses, sœurs, parents à tout degré, et vous, amis de cœur, écoutez cette réflexion :

Si vous aviez été là quand ils sont tombés blessés, sans qu'aucune main leur ait été assez tôt tendue pour bander leurs plaies, malgré les prodiges de dévouement de nos sœurs de charité et de nos infirmiers volontaires... si vous eussiez recueilli leurs membres fracassés... avec quel empressement, avec quel amour confiant vous les eussiez traités, afin de les guérir; avec quelle tendresse désespérée vous leur eussiez donné une sépulture convenable ! Vous n'auriez pas voulu au moins les laisser enterrés sur le sol ennemi.

Vœux inutiles, barrières infranchissables, amour lié, impuissant que le vôtre ! Et ce fut là votre plus grand malheur !

Attachez-vous du moins à leur âme et faites pour elle tout ce que vous pourrez. Or, voici ce que vous pouvez, selon l'enseignement le plus autorisé :

Vous pouvez abréger leur séparation d'avec Dieu, séparation qui leur est une si dure épreuve !

Leur situation est celle-ci : Elles connaissent Dieu d'une notion distincte; elles l'aiment d'un amour de prédestiné, d'un amour agrandi jusqu'à des proportions que ni vous ni moi ne pouvons mesurer... Mais cet amour même fait leur poids, leur tourment, leur malheur, car elles ne possèdent pas encore l'être infiniment bon qui en est l'objet... Elles souffrent, ces chères âmes, du côté de Dieu, ce que l'absence vous fait souffrir de leur propre côté. Dieu est absent d'elles comme elles sont absentes de vous.

Un immense amour frustré de son objet, quand cet objet est Dieu et Dieu parfaitement connu! Je ne sais pas si l'imagination au service de la foi peut se représenter un plus cruel supplice... Ce supplice est peut-être le leur; c'est le leur à coup sûr, s'ils sont en purgatoire.

Priez, faites prier, faites des aumônes; acceptez, dans sa meilleure expression, la dévotion envers les morts que je vous propose, les œuvres que je vous indiquerai : vous deviendrez un médiateur; vous donnerez Dieu à votre fils, comme vous donnerez votre fils à Dieu; vous serez une seconde fois son père et sa mère, son époux et son ami, son bienfaiteur et son ange!

Conclusion naturelle : « C'est une pensée salutaire et sainte de prier pour les morts, afin qu'ils soient délivrés de leurs péchés ! »

Délivrés? Ils sont donc captifs? Eh! oui, toutes les théologies sont d'accord : être retenu loin du père de famille, c'est bien un exil, une captivité!

J'écris ce conseil au moment où la France libre pleure tout entière sur cette noble cité de Strasbourg, cernée, assiégée, saccagée, brûlée.

Où sont-ils, les libérateurs? De quels pays vont-ils venir? Ah! n'est-ce pas que s'il dépendait de vous d'ouvrir ces portes, de retirer des égouts et des flammes ces cinquante mille Français, n'est-ce pas que vous les emporteriez un à un sur vos épaules? Qui de nous ne donnerait à l'heure présente son argent, son travail, sa santé et même sa vie? Quiconque refuserait de payer à ce prix la délivrance certaine de la patrie serait un cruel et un lâche... un mauvais homme et un mauvais chrétien.

Or, supposez qu'au lieu d'être simplement vos concitoyens, ce soit votre fils ou votre époux qu'on a cernés, à Strasbourg ou à Paris... Si vous connaissiez une issue certaine pour lui et ses malheureux compagnons d'héroïque mais d'impossible défense, dites, que feriez-vous? ou plutôt que ne feriez-vous pas?

Il est possible que les vôtres ne soient pas en purgatoire; mais le purgatoire existe : il renferme beaucoup de captifs, et vous pouvez travailler efficacement à leur délivrance.

Ayez un peu de charité en même temps que beaucoup d'amour humain ; pesez l'âme de votre fils et la valeur du ciel : aucune de mes leçons n'aura été plus efficace... Aucune docilité ne vous aura fait plus d'honneur ni plus de bien.

Avez-vous vu quelquefois un tableau éloquent et triste dans lequel un de nos grands maîtres a dépeint le purgatoire ?... Il a mis au milieu d'un océan de vagues enflammées une quantité de têtes, de visages dont toutes les expressions sont variées, mais qui traduisent toutes un même sentiment : la souffrance..., des lèvres desséchées, des yeux trempés de sang et de larmes, tout ce qui peut enfin signifier la prison et la douleur.

A côté, sous la forme d'un beau jeune homme, un ange aux ailes déployées vient de descendre, et déjà il remonte, conduisant par la main un être qui ressemble à son père ou à sa mère... Cet ange, quel est-il ? Ce serait votre fils ou votre fille, si la mort, respectant dans votre foyer les lois de la nature, eût commencé par vous; mais, depuis cette affreuse guerre surtout, les jeunes meurent avant les vieillards, les fils avant les pères.

Heureusement que la prière, le très-saint sacrifice, les expiations et les satisfactions de tout genre n'ont pas été interrompus... L'ange libérateur de ces chers captifs, c'est vous!

XXXIII

Priez pour eux.

Le souvenir, l'espérance, l'affection, en un mot tout ce qu'on peut appeler *le culte intérieur des morts*, est d'un grand prix et apporte une sérieuse consolation ; mais ce culte ne suffit pas : il faut qu'il se manifeste au dehors, qu'il se traduise par des œuvres :

La foi qui n'agit point, est-ce une foi sincère ?

Il faut adresser à nos chers morts cette demande si simple, si naturelle : « Que puis-je faire pour vous ? que voulez-vous que je fasse ? »

Et leur première réponse sera celle-ci :

Si vous m'aimez, priez pour moi.

« C'est une pensée salutaire et sainte de PRIER pour les morts afin qu'ils soient délivrés de leurs péchés. » La prière est en effet la première œuvre qui nous soit conseillée pour eux ; c'est la plus naturelle et la plus facile ; c'est la plus efficace.

Au point de vue catholique, cette prière est un devoir, un honneur et un bonheur, une *consolation* par conséquent.

Un devoir ; car Dieu a fait à chacun de nous des commandements dont le prochain est l'objet. Les *œuvres* dites de *miséricorde* sont une obligation de nature et de religion... « Donner à manger à ceux qui ont faim, à boire à ceux qui ont soif, vêtir ceux qui sont nus, exercer l'hospitalité, visiter les malades, les prisonniers, racheter les captifs, ensevelir les morts, » ce sont là des œuvres corporelles.

Qu'est-ce que tout cela, à côté des œuvres spirituelles ? « Est-ce que l'âme n'est pas au-dessus de la nourriture et du vêtement ? » Or, il s'agit des âmes : *Prier pour les vivants et pour les morts!* obligation au moins égale à celle qui nous est faite de donner un morceau de pain ou un gîte aux affamés ou aux vagabonds.

Et quand on sait le résultat d'une semblable prière, quand on est édifié sur l'efficacité qu'elle a par rapport à Dieu même... quand on a mesuré toute la portée de cette expression véridique : *Donner des âmes à Dieu*, on chercherait vainement une action plus honorable, une coopération plus digne, une conduite enfin qui nous élève plus sûrement et plus haut au-dessus de l'humanité.

Enfin, le goût, la satisfaction, le bonheur inhérents à ce devoir résident tout entiers dans son objet même et dans son efficacité.

Supposons toujours la foi, sans laquelle aucun de ces enseignements ne saurait tenir :

Qui sont ceux que nous traitons, que nous soignons, que nous délivrons, que nous rendons heureux? Qui sont-ils? C'est notre père, notre mère, nos fils, nos frères, nos amis. Question d'amitié, de sentiment et de tendresse; bonheur vivant dont la source est au fond de nos entrailles, au cœur même de la famille. Nous prions pour les *nôtres!...*

Il y a peut-être autant de justice que de charité à prier pour eux. Qui sait, si ces fautes qu'ils expient nous n'en avons pas été coupables? Leur inclination à la mollesse, à l'égoïsme, à la colère, n'eut-elle pas pour principe les négligences ou tout au moins les faiblesses, les tolérances excessives apportées à leur éducation, les difficultés de notre caractère dans la vie domestique, les duretés ou les séductions amenées par nos passions dans la vie sociale, les provocations ou tout au moins les complicités de nos habitudes relâchées, de nos mœurs sensuelles? Qui sait, qui sait?

L'Eglise place sur leurs lèvres ce cri énergique, cette supplication lamentable : « Ayez pitié de moi, vous au moins qui fûtes mes amis, » qui devez l'être encore... S'il y eut des jours où votre amitié me fut moins utile, prouvez-moi jusqu'après le tombeau qu'elle a été sincère!

Et quand il ne s'agirait que d'inconnus, quand même vous auriez, par rapport au purgatoire, le sort de quelques familles qui en ce moment ne comptent aucun des leurs sous les drapeaux, est-ce que la seule pensée que les souffrants sont vos frères, des âmes rachetées comme la vôtre au prix du sang de Jésus-Christ... est-ce que cette certitude ne suffirait pas à vous faire goûter le bonheur qu'il y a de devenir utile à ses frères?

L'efficacité de cette prière ne saurait être douteuse :

« Tout ce que vous demanderez en mon nom à mon Père vous sera accordé, » dit le Sauveur.

Ici revient le mot d'Augustin : « Qui a dit *tout* n'a rien excepté... » tout, même la délivrance des âmes du purgatoire !

Ah! quand nous demandons pour les nôtres ou pour nous les biens les plus désirables de ce monde, la santé, la paix... il y a au fond de notre prière un nécessaire égoïsme, une couleur transparente de personnalité... Mais quand nous nous bornons aux biens spirituels, quand toute notre prière a pour objet *des âmes*, notre désintéressement est manifeste, et nous pouvons presque dire à Dieu qu'il est intéressé à nous exaucer. Nous pouvons du moins nous confier en lui ; car ce que nous lui demandons, il nous ordonne de le lui demander.

Les formules n'ont rien d'obligatoire : il faut prier comme l'oiseau chante, comme la lumière brille, comme le ruisseau coule... Eau limpide, lumière naturelle, harmonie spontanée que celles qui viennent d'un cœur à la fois attristé et pieux! Mon Dieu, ayez pitié de nous! mon Dieu, ayez pitié d'eux!... Il y a dans ces élans une toute-puissance dérivée de la simplicité de cette supplication même.

Les prières de la liturgie catholique, si suaves, si graves, si belles, revêtent, en ce qui touche aux morts, des accents plus admirables encore : cela émeut, cela creuse, cela abat, cela élève... On sent l'inspiration à chaque parole, le divin à chaque syllabe...

Aimez votre Eucologe, votre Formulaire de prières selon le rituel : la messe de *Requiem*, les vêpres des morts, les hymnes et les oraisons, les préfaces et les proses, tout cela est admirable, tout cela répond aux angoisses de l'âme et lui envoie des consolations ; car si chacune de ces prières est saturée de tout ce qui pleure sur le néant de l'homme, toutes sont également imprégnées de ce qui chante son immortalité.

En résumé :

Priez beaucoup pour les morts, pour les vôtres en particulier, pour tous en général.

Priez bien pour eux : c'est le moyen nécessaire, mais sûr, d'être exaucé.

Ainsi faisant, vous leur serez utile et vous vous serez utile à vous-même.

Ils prieront pour vous plus tard. La reconnaissance, si bonne sur la terre, est encore une vertu du ciel.

XXXIV

La liturgie des trépassés.

La prière privée est tout ce que nous venons de dire : elle répond au deuil intime de chacun de nous ; elle est la messagère sûre de notre consolation personnelle.

Mais la mort et le deuil sont quelque chose de si général, de si universel dans le monde, qu'il a fallu créer un code officiel de prières publiques : il a fallu réglementer les funérailles et tout ce qui s'y rattache. L'Eglise a composé ce qu'on peut appeler la *liturgie des trépassés*, comme elle a composé sa liturgie des vivants.

On entend par liturgie l'ensemble des cérémonies et des prières prescrites et réglées par l'Eglise pour l'accomplissement du culte public.

Ces cérémonies sont admirables, ces prières sont sublimes. Je connais des hommes du monde que l'étude du Rituel catholique a captivés à l'égal des livres où la science déroule ses plus hautes révélations : il y a là une mesure et une richesse, une sagesse et une abondance, une élévation et une puissance qui trahissent quelque chose de supérieur aux travaux purement humains.

Quoi de plus émouvant que les funérailles des chrétiens, non pas seulement les funérailles d'un riche ou d'un haut dignitaire de la terre, mais aussi bien, et peut-être mieux, les funérailles d'un artisan, d'un pauvre?

Ce prêtre qui s'en va tout seul, précédé de la croix, jusqu'à la demeure du défunt, le chercher pour le conduire à l'église, à l'église de son baptême, de sa première communion, de son mariage, et, — s'il a assez vécu, — du baptême, de la première communion et du mariage de ses enfants et de ses petits enfants... cette halte suprême dans le temple saint, à côté de l'autel de l'immortalité... pour la célébration du sacrifice ou la récitation de l'office divin : tout cela est éloquent, même à l'oreille des étrangers, tout cela envoie des larmes aux yeux des spectateurs qui ne sont pas blasés ; tout cela accable et relève les amis et la famille de celui qui n'est plus.

« L'homme ira dans la maison de son éternité ; que la poussière retourne en *sa terre* et que l'esprit remonte au Dieu d'où il est descendu ! »

Procession funèbre, passez à travers les marchés et les places publiques; avertissez les insensés et les coupables de la fin qui menace toute créature. Laissez voir aux frivoles le spectacle de ces navrantes douleurs, et qu'en regardant cet époux de trente ans qui accompagne la dépouille de sa jeune femme ou ce vieillard qui conduit le deuil de son fils aîné, les plus indifférents se découvrent et prient, à la pensée des familles malheureuses qui restent et au souvenir de ceux qui ne sont plus.

Cela se passe encore ainsi dans les campagnes : le laboureur s'arrête au milieu de son sillon, s'agenouille sur la terre nue, se signe et récite un *Pater* pour ce frère qu'on porte en terre et dont il aperçoit au loin le convoi, dans ce pays où tout le monde se connaît.

Dans les grandes cités, ces spectacles sont tout au plus une *distraction*, et encore quand ils sont somptueux. Les yeux et les cœurs sont familiarisés avec ces mouvements successifs et nombreux. Ce qui devrait impressionner davantage, à savoir la multiplicité, émousse le sentiment. On ne prie pas plus qu'on ne pleure : quelques questions posées par la curiosité sur ce que fut celui qu'on enterre, réflexions qui vont parfois jusqu'à l'inconvenance sur lui ou sur les siens, voilà ce que provoque le plus habituellement l'aspect d'un convoi funèbre.

Beaucoup ne savent pas garder, même devant les funérailles d'un ami ou d'un parent, cette réserve, ce silence, ce respect, cette décence dont ils sont d'ailleurs capables dans un salon du monde, dans leurs relations avec les vivants...

Ce n'est pas seulement un manque de religion, c'est une absence d'éducation et beaucoup plus encore un défaut de cœur. Certes, il ne saurait en être ainsi désormais de tous les êtres malheureux à qui je dédie ces leçons du deuil sanctifié.

Les quelques hommes qui, de notre temps, affectent de supprimer l'Eglise dans les funérailles des leurs sont des malheureux. La nature et le sentiment protestent aussi haut que le catholicisme contre leurs déclarations et leurs haines. La société des affligés les répudie. Ils sont le fléau des cœurs abattus qui ont besoin d'espérance...

L'Eglise a fait un pacte durable avec la douleur de ses fils en deuil. Elle a son lendemain de la solennité funèbre, son neuvième jour, son trentième jour, son premier anniversaire, ses anniversaires périodiques, successifs, jusqu'à la fin... jusqu'à la mort même de ceux qui prient pour les morts.

Et à chacune de ces phases de la douleur dont l'objet s'éloigne de plus en plus par le seul fait du temps qui s'en va, l'espérance, la possession du souverain bien semble se faire plus proche pour ceux que nous pleurons et pour nous-mêmes.

Les formules de la prière sont d'ailleurs choisies conformément à ces circonstances, appropriées aux sentiments qu'elles servent.

Il a fallu, pour la composition et la distribution de toutes ces leçons, de toutes ces hymnes, de toutes ces proses, de toutes ces oraisons, le génie de l'intelligence et le génie de la sainteté.

Une femme, remarquable par son érudition en matière religieuse et par son discernement des plus délicats sentiments de l'âme humaine, a composé naguère un recueil qu'elle a intitulé *les Dernières prières*, « celles que l'Eglise met sur nos lèvres et qu'elle-même offre à Dieu pour ceux de ses enfants qui viennent de mourir. »

C'est une bonne action de « consoler les familles éprouvées par la mort de leurs proches et de porter dans toutes les âmes ces impressions salutaires qui font songer à la fragilité de la vie présente et à la grandeur de notre immortel avenir, » deux vérités qu'il ne faut jamais séparer.

Je recommande ce recueil à tous ceux qui voudront rendre plus pratiques ces consolations que je leur adresse (1).

Tout y est bon et saint, jusqu'à cet office usité pour la sépulture des enfants, où l'on croirait voir

---

(1) L'auteur de ce recueil est Mme la comtesse de Flavigny, si avantageusement connue dans le monde religieux par ses écrits personnels et par ses recueils de prières.

les anges accueillir avec des chants de fête un jeune frère au milieu d'eux :

En ce temps-là du ciel les portes d'or s'ouvrirent,
Du Saint des saints ému les feux se découvrirent ;
Tous les cieux un moment brillèrent dévoilés,
Et les élus voyaient, lumineuses phalanges,
Venir une jeune âme, entre deux jeunes anges,
  Sous les portiques étoilés !

C'était un bel enfant qui fuyait de la terre :
Son œil bleu du malheur portait le signe austère ;
Ses longs cheveux flottaient sur ses traits pâlissants ;
Et les vierges du ciel, avec des chants de fête,
Aux palmes du martyre unissaient sur sa tête
  La couronne des innocents !

Encore de la poésie ; il y en a tant dans la douleur !

On pense à ces gracieux vers sur la mort de Louis XVII, le fils du roi martyr ; on se souvient de *l'Ange et l'enfant* de Reboul, du *Laudate pueri* de David, quand on lit ces prières liturgiques qui ressemblent à des actions de grâce :

« Ne pleurez pas : ces funérailles sont saintes.

» Cette mort donne la vie ; le ciel est ouvert ; toute condamnation est effacée.

» La miséricorde a donné le prix à celui qui n'a pas couru ; celui qui n'avait pu être encore propre au combat est propre à la couronne.

» Que souhaiter de plus pour cette âme glorifiée ?

» O Sauveur ! nous sommes las de la vie ; réunissez-nous bientôt à ces petits enfants ! »

Ce n'est là qu'un incident tout partiel de ces solennités tristes, un fragment tout abrégé de ces belles prières.

Le *Dies iræ* et les Lamentations de Job, le *Miserere* de la douleur et le *Te Deum* de la glorification, tous les sentiments extrêmes qui peuvent soulever votre âme vers les régions sereines de l'avenir meilleur pour vous et pour les vôtres, tout est là. Ne négligez pas ce petit *Bréviaire* de la douleur consolée... ce *Vade mecum* de l'espérance chrétienne : les prières de l'Eglise.

Rien n'est petit de ce qui peut définitivement nous sauver. Nos prières privées semblent écrites avec nos larmes. La miséricorde de Dieu connaît cette écriture.

Les prières de l'Eglise semblent écrites avec le sang de Jésus-Christ. Notre âme connaît tout le prix de cette rédemption ; elle veut en user.

XXXV

Le Psautier des affligés.

Parmi les prières régulières, officielles, que l'Eglise catholique a adoptées pour le culte des morts, il faut compter en première ligne les *Psaumes de David*. Indépendamment qu'ils ont été composés d'inspiration divine, ces chants sont, au point de vue de la littérature, de la philosophie et du génie humain, tout ce qu'on peut imaginer de plus élevé, de plus parfait.

Pas un sentiment de l'âme qui n'y trouve son expression, et elle est toujours sublime; pas une faculté divine qui n'y soit décrite et chantée en termes que la terre peut comprendre, mais qu'on dirait plutôt extraits de la langue des cieux.

David, leur auteur, ayant touché à tous les extrêmes de la vie, — de la chaumière au trône, de l'innocence au crime, et du bonheur de son foyer jusqu'à la rébellion de ses sujets et de son propre fils, — David a surtout chanté les misères de l'humanité et la miséricorde de Dieu.

Il a prêté aux vivants des accents de repentir et de confiance qui ramènent l'âme de la désolation la plus profonde à la paix la plus sereine.

Il a prêté aux morts des cris où l'espérance finale triomphe de tous les déchirements temporels, où l'immortalité conquise par la pénitence domine toutes les angoisses de l'âme et toutes les humiliations du corps.

On ne composera jamais rien qui puisse être comparé au *Miserere* et au *De Profundis*.

La lecture et la méditation des Psaumes a été de tout temps une source de consolation aux chrétiens qui les surent apprécier.

C'est pourquoi, bien que ce livre ne soit nullement un formulaire de prières, je regrette de ne pouvoir transcrire ici, en langue française, quelques-uns des psaumes que l'Eglise a distribués dans l'office liturgique des morts.

Plusieurs d'entre eux doivent être considérés comme des *larmes paternelles* versées sur la tombe d'Absalon : « Absalon, ô mon fils! ô mon fils Absalon ! » s'écriait le roi, « qui me donnera de mourir à ta place! O Absalon, mon fils, mon fils! »

Les douleurs également profondes ne trouvent pas toujours les mêmes expressions, ni seulement des expressions harmoniées avec ces sentiments.

Et cependant la parole vraie fait tant de bien au cœur!

On n'y tient pas pour se révéler à autrui. Les vraiment tristes de ce monde n'ont aucun souci de semer aux vents de la publicité la graine amère de leur infortune... Les seuls malheureux romanesques s'en vont confier aux discrétions de la place publique l'élégie de leur deuil. — Hélas! où la vanité va-t-elle encore nous surprendre? Jusque sur la tombe de nos enfants !

Mais les plus modestes de tous les affligés, les plus solitaires de tous les infortunés, les plus volontairement séparés de tout et de tous, sont heureux de rencontrer dans un bon livre un sentiment qui leur aille, une parole qu'ils goûtent, un cri enfin où ils puissent se retrouver et s'écouter eux-mêmes!

Ces mystérieux colloques de la douleur la plus absorbée avec un livre de méditations ou de prières sont une des meilleures consolations.

Mais il faut être tant discret avant de conseiller un livre à une âme... même un livre de dévotion!

Je conseille à tous mes chers affligés la lecture des divines Ecritures en général, la lecture des Psaumes en particulier.

Ils y trouveront la vérité, la consolation, le salut.

XXXVI

Le De Profundis de la douleur.

Toute réflexion faite, je ne renonce pas à montrer, au moins dans un de ces chants mystiques, ce que l'âme endolorie peut trouver en eux de consolateur et d'absolument bon pour soi et pour les siens.

Je prends le psaume le plus familièrement usité, celui que les braves chrétiens de la campagne savent en latin sans le comprendre, et qu'ils récitent cependant avec goût dans leur prière du matin et du soir, à la suite du *Pater*, de l'*Ave* et du *Credo*, comme s'il y avait en ces paroles sacrées une vertu secrète assez puissante pour pénétrer le cœur, même quand l'intelligence n'y est pour rien : cela ressemble au baptême donné aux enfants qui viennent de naître. L'Ecriture sainte a une vertu native, comme les sacrements.

Je veux parler du *De Profundis*. Je le transcris d'abord dans sa traduction la plus littérale :

« Du profond de l'abîme j'ai crié vers vous, Seigneur ; Seigneur, exaucez ma voix.

» Que votre oreille devienne attentive à la voix de ma supplication.

» Si vous tenez compte des iniquités, ô Seigneur ! Seigneur, qui pourra résister ?

» C'est parce que la propitiation est auprès de vous et c'est à cause de votre loi que je vous ai attendu, ô Seigneur !

» Mon âme a eu confiance dans le Seigneur ; mon âme a espéré dans sa parole !

» Depuis la garde matinale jusqu'à la nuit, qu'Israël espère dans le Seigneur !

» Parce que la miséricorde habite auprès du Seigneur, et auprès de lui aussi une rédemption abondante.

» Et lui-même il rachètera Israël de toutes ses iniquités ! Seigneur, donnez-leur le repos éternel, et que la lumière éternelle brille pour eux ! »

Ce cantique est un des plus courts que David ait composés ; et cependant je me demande quel est celui des devoirs que nous avons signalés, quel est celui des sentiments que nous avons exposés qui ne soient pas en ces dix versets si simples et si expressifs.

La foi en Dieu y est manifeste, puisqu'elle est le fondement de toute prière.

La foi en Jésus-Christ y est aussi, puisqu'il y est parlé de *rédemption* et de *rédemption abondante.*

C'est un cri d'espérance sereine et motivée, de confiance sentie et raisonnée ; car la fidélité à *la loi* et l'affirmation de la *miséricorde* divine y sont déclarées.

C'est une prière humble à la fois et repentante ; car cet *abîme* d'où la voix monte, c'est l'abîme du néant et l'abîme des *iniquités !*

C'est une prière constante, assidue, perpétuelle, puisque les sentiments qu'elle exprime commencent avant l'aurore et vont jusqu'à la nuit.

C'est une invocation vaste comme la charité ; car, bien loin de s'isoler ou de ne songer qu'aux siens, l'âme suppliante et espérante ramène en son invocation le sort d'*Israël* tout entier...

Israël, c'est la cité, c'est la France, c'est l'Eglise et le monde !

La catholicité vit en cette parole, immense objet de la miséricorde divine, plus immense encore !

Ce cantique peut être d'ailleurs aussi véritablement une supplication pour soi-même qu'une prière pour autrui.

En l'appliquant d'une manière toute particulière au culte des morts, l'Eglise le place également sur leurs lèvres ou sur les nôtres.

Pas une âme souffrante qui, *des profondeurs* de son état séparé et douloureux, ne soit censée faire monter à Dieu cette expression de sa désolation et de sa confiance.

Pas un chrétien de l'Eglise militante qui, *des profondeurs* de sa misère humaine, ne puisse et ne doive parler ainsi au Père des miséricordes en faveur de nos chers trépassés.

Le repos éternel et la *lumière indéfectible* sont à la conclusion de cette cantate de la douleur.

Il y a là tout un poëme de sentiments religieux, tout un traité de théologie mystique. Et encore, je demande à mes pieux lecteurs la permission de leur affirmer que je ne signale rien qui ne soit apparu à mes faibles vues personnelles, au moment où je me recueille avec ma pensée seule. Les grands commentateurs, dont je n'ai pas avec moi les livres, en doivent avoir dit bien davantage.

Ab uno disce omnes, a-t-on coutume de dire.

Apprenez par un seul le mérite de tous.

La Bible compte cent cinquante psaumes, tous également beaux, également inspirés.

L'un vous fera « lever les yeux vers les montagnes d'où vient le secours! »

L'autre vous transportera « sur les fleuves de Babylone » pour vous montrer des lyres suspendues aux saules du rivage! Vous vous trouverez en pleine désolation de l'exil, ou, ce qui est plus triste encore, en pleine affliction de l'envahissement étranger, *ce qui crée un exil dans sa propre patrie!*

Sion, c'est aujourd'hui pour nous la France à reconquérir des mains de l'ennemi.

Sion, c'est pour nos chers morts le paradis éternel!

Babylone, c'est pour eux le purgatoire et pour nous les Prussiens.

On ne chante pas sur ses bords ; on se contente de prier en versant des larmes... jusqu'à ce que vienne le *lætatus sum* de la délivrance.

« Je me suis réjoui dans la nouvelle qui m'a été dite : nous irons enfin dans la maison du Seigneur ! »

C'est l'heure où les chaînes tombent ;

C'est l'heure où la prison s'ouvre ;

C'est l'heure où l'on respire l'air pur, la liberté !

C'est l'heure où l'on retrouve les siens, la famille, la patrie !

C'est l'heure où l'on retrouve Dieu, le ciel, le bonheur, l'éternité !

« Ils s'en allaient et ils pleuraient en s'en allant ; ils répandaient leur semence arrosée de leurs larmes ; mais revenant un jour, ils arriveront avec exaltation, portant dans leurs bras leurs gerbes mûres, fruit abondant de tous leurs travaux ! »

Je ne peux que glaner ici dans ce champ de la littérature biblique où tant de générations savantes et pieuses ont moissonné.

Lecteur qui aimez le beau, le bon, le vrai dans les formules de l'adoration et de la prière, je vous recommande une fois encore l'étude et la méditation des Psaumes.

XXXVII

L'aumône après la guerre.

Tout ce qui est bon à notre âme est bon à l'âme des morts : La prière d'abord et tout ce qui peut contribuer à la rendre meilleure ; l'aumône, qui fut toujours et partout regardée, au même titre que la prière, comme un devoir, comme un honneur, comme un bonheur : « Rachète tes péchés par l'aumône, » disait autrefois un prophète à un roi impie ; « l'aumône délivre des péchés et de la mort ; » et, comme toutes les œuvres accomplies par un chrétien, l'aumône a des fruits réversibles à l'âme de nos frères trépassés.

J'ai vu quelque part un livre intitulé *La Rançon des âmes du Purgatoire*. Il y a dans ce titre plus de vérité encore que d'imagination. Comment cette rançon s'opère-t-elle ? par les bonnes œuvres, par l'aumône surtout.

Le deuil des nôtres, je veux dire celui que nous portons de leur mort, ayant pour résultat de nous rendre plus attentifs à nos devoirs et mieux disposés, plus zélés à les remplir, l'aumône est un des devoirs dans la fidélité desquels il faut se retremper.

A tous les motifs d'humanité et de piété que nous en eûmes jusqu'ici, ajoutons le souvenir de nos chers morts, l'intention de les servir.

Prêtons à ce mendiant qui frappe à notre porte ou que nous rencontrons en chemin, à ce pauvre honteux que nous visitons, une personnalité : revêtons-le, par l'imagination, d'une ressemblance. Figurons-nous que c'est notre fils, notre frère qui nous tendent la main et nous demandent ce dont ils ont tant besoin ! Alors, au lieu d'une obole, nous donnerons une pièce d'or. Nous donnerions presque de notre nécessaire, quand on nous demande notre surabondance. Alors surtout nous serons bons au pauvre : bon accueil, bonnes paroles, bon secours, voilà ce qu'il lui faut. Nous ajouterons à l'obole matérielle qui soulage la misère ce ton affectueux qui aide à la supporter.

Ce serait une grande influence moralisatrice que cette guerre désastreuse renouvelât l'habitude des générosités dans une foule de cœurs qui ne savaient plus s'ouvrir.

Surtout n'oubliez pas, dans vos aumônes, ceux que cette guerre a si tristement appauvris :

Toutes ces pauvres femmes qui n'avaient d'autre soutien que les bras de leur époux enlevé ou mutilé ;

Tous ces enfants désormais orphelins, si nombreux et si jeunes encore ;

Tous ces vieillards qui ont donné à la patrie ce qu'ils avaient non-seulement de plus cher, mais encore de plus utile.

Un temps rigoureux se prépare ; une immense misère semble devoir être le résultat inévitable de ces spoliations, de ces luttes, de ces dépopulations !...

La Providence a mille moyens, sans doute, pour subvenir aux besoins de ses enfants :

> Aux petits des oiseaux Dieu donne leur pâture
> Et sa bonté s'étend sur toute la nature.

Au nombre de ces moyens il faut compter *la cha-*

rité. Les économistes feront leur œuvre; les administrations, le gouvernement, l'Eglise, chacun travaillera, par la truelle et par la plume, à la réparation de ces vastes ruines. Espérons que le glaive ne sera plus nécessaire à ces réparations.

Votre œuvre à vous, la part qui vous incombe dans la réparation universelle, c'est le soin des pauvres, la tutelle des orphelins. *Tibi derelictus est pauper, orphano tu eris adjutor.* Douce mission que celle-là! Souvent nous sommes indécis, inquiets sur l'opportunité des œuvres qui nous sont proposées. « Il y aura toujours des pauvres parmi vous, » a dit le Sauveur, et sa parole ne nous a pas manqué. Mais les hommes ont abusé de la pauvreté même. L'aumône servit parfois à favoriser la paresse, et dans plus d'un cas la charité trop peu clairvoyante fut un soutien accordé au vice. C'est le cas de répéter aux bienfaisants de ce monde cette parole du prophète: « Heureux celui qui ouvre sur les nécessités du pauvre non-seulement sa bouche et son cœur, mais encore son *intelligence!* »

Ici tout est intelligent et à propos : aucune charité ne peut être supérieure à celle que la mémoire de vos fils sollicite de vous.

Songez-y bien, en effet : Ils sont à moitié vos enfants ; car ils furent, dans cette guerre épouvantable, les frères adoptifs, les frères d'armes de vos propres enfants. Ceux-ci vous confient en mourant les mères et les sœurs de leurs compagnons d'armes, de leurs compagnons d'infortune et de cercueil !

Ah ! vous, du moins, à qui les vôtres n'étaient nécessaires que par le cœur, mais qui pouvez vous passer de leurs bras, songez qu'il y a des pères, des mères, des enfants, qui sont encore plus malheureux que vous... qui seraient beaucoup plus malheureux, si vous n'étiez pas là.

Faites-vous des adoptifs après la guerre : Prenez un orphelin à la place de votre fils, un vieillard au lieu de votre père. Il vous semblera que vous assistez à une résurrection. Cela vous fera du bien ; cela fera du bien à ceux que vous accueillerez,... cela fera du bien à votre cher défunt, qui vous dira merci... Cela fera du bien au cœur de Dieu lui-même, qui nous a dit : « Ce que vous ferez au plus petit d'entre les miens, c'est à moi que vous l'avez fait. »

L'or et l'argent sont peut-être les objets dont on

a le plus abusé au siècle où nous sommes. C'est avec lui qu'on rachète l'honneur quand on s'en sert à payer la honte ; c'est avec lui qu'on a forgé des armes de destruction ; ce sont des milliards que nous demandent avidement nos misérables vainqueurs !

Il faudra bien leur en donner, hélas !

Mais cet or, si funeste et si corrupteur de sa nature, il a de nobles usages quand il devient un morceau de pain, un vêtement, un asile ; quand il crée l'apaisement de la faim et le calme du cœur ; quand il est transformé en une œuvre expiatoire pour l'âme de nos amis et que son influence va jusqu'à retirer des flammes du purgatoire ceux que nos générosités et notre amour ne purent arracher au fer des Prussiens.

Ah ! que les hommes sont mauvais ! mais que Dieu est bon !

XXXVIII

Le pain de vie et le banquet des immortels.

Que ceux qui pleurent et qui espèrent viennent à l'autel de l'Eucharistie.

C'est un sacrifice que l'Eglise appelle *des vivants et des morts*. Le prêtre y fait spécialement mémoire de tous nos frères qui nous ont précédés et demande pour eux « un lieu de rafraîchissement, de lumière et de paix. »

Ce sacrifice est d'un prix infini; car c'est Jésus-Christ Dieu et homme qui l'offre. Le prêtre n'est que son lieutenant et son ministre.

Le sang du Sauveur, qui eut une première fois

la puissance de sauver le monde, coule d'une manière mystique mais réelle sur cet autel.

O vous qui sentez votre impuissance et qui voudriez tant faire pour les vôtres, n'oubliez pas de recourir à la célébration de cet auguste sacrifice... Assistez-y souvent. Demandez que l'application en soit faite particulièrement à l'âme des vôtres.

Aucune œuvre ne peut leur être plus utile.

Il est regrettable qu'un prêtre consolateur soit peu à l'aise pour faire ressortir aux yeux des fidèles l'efficacité de ce suffrage, précisément parce qu'il y a, dans les habitudes sociales et religieuses de notre pays, l'obligation au moins morale d'offrir un *honoraire* au prêtre auquel on demande ce service de son ministère.

Sans cela, on dirait : Faites célébrer souvent, le plus souvent possible, le très-saint sacrifice pour le repos de vos frères ou de vos fils décédés. Vous auriez été si heureux que la Providence vous les eût laissés ! Vous aviez toute prête leur dot, grande ou petite, pour leur mariage. Les frais de leur entretien étaient prévus dans votre budget domestique; et jamais vous ne regrettâtes ce que vous a coûté leur éducation ou leur vestiaire, tout ce qui concourut à leur utilité ou à leur agrément. Hélas! ces dépenses ont trop tôt cessé! N'oubliez pas leur âme, les bonnes œuvres, les sacrifices, quand vous tracerez votre budget de l'année ou du mois.

Il y a plus : songez au conseil que je vous donne dans le règlement dernier de vos affaires humaines, dans votre testament; n'oubliez pas l'âme des vôtres ni même votre âme, dans la répartition que vous ferez de vos biens et de toute votre fortune.

Je le dis avec tristesse, mais avec vérité, il ne faut pas compter sur les héritiers pour l'accomplissement de ces devoirs. Très-peu nombreux sont ceux qui avisent généreusement à l'âme de ceux qu'ils regrettent, de ceux qu'ils pleurent.

Songez à vous, songez à vous...

Les mausolées somptueux ne suffisent pas. Ils peuvent être une satisfaction d'amour-propre aux vivants; ils ne sont d'aucun secours aux morts. C'est saint Augustin qui a dit cela.

Ah! si quelqu'une de ces âmes dont la dépouille est si fastueusement traitée obtenait de Dieu la permission de venir vous dire une fois ce qu'elle pense de ces hommages inutiles : « Laissez, laissez aux païens, » vous dirait-elle, « ces témoignages de notre néant et de votre vanité. Des prières, des bonnes œuvres et l'application du sang de Jésus-Christ, voilà ce qu'il nous faut (1). »

En deux mots : 1° l'Eucharistie est le sacrifice par excellence de la rédemption ; 2° les âmes des vôtres ont encore besoin d'être rachetées ; c'est au moins probable... Appliquez-leur le sacrifice eucharistique.

L'Eucharistie est un *sacrement*, une *communion* au corps, au sang et à l'âme de Jésus-Christ.

« O banquet sacré ! » dit l'Eglise, « dans lequel on reçoit le Christ ! on y recueille le souvenir de sa passion ; l'âme est remplie de grâce, et le gage de la gloire future nous y est donné. »

Quoi de meilleur que de communier au Sauveur de la grâce et de la gloire, pour obtenir de lui qu'il introduise au séjour de sa gloire immortelle ceux que les chances de ce monde ont si cruellement traités, ceux que sa providence a prématurément rappelés à lui !

(1) *Pensées* de Pascal.

Ils ont reçu l'Eucharistie dans leur vie ; ils ont fait leur première communion, leur dernière peut-être, avant d'aller aux camps. Ce souvenir vous demeure comme un des motifs les plus fondés de vos espérances à leur égard.

Communiez vous-même, communiez à cause d'eux. Qu'est-ce que Dieu pourra vous refuser dans l'intérêt de ces chères âmes, au moment où il sera l'hôte de votre cœur ? D'ailleurs, une indulgence plénière applicable aux défunts est ordinairement attachée à la communion eucharistique : ne vous en privez pas, les en privez pas.

Communiez à cause de vous. Si vous voulez vous sauver comme eux et avec eux, si vous souhaitez les retrouver dans une meilleure vie, rendez-vous digne d'eux, de cette vie, du Dieu saint qui la donne. La communion vous aidera à bien vivre à cause de la présence de Dieu au dedans de vous ; elle vous aidera à bien mourir. Vous trouvant uni à Dieu par des liens aussi étroits, la mort même n'aura pas la puissance de vous séparer de lui. « Qui nous séparera de la charité de Jésus-Christ ? » dit saint Paul. « Ni la vie *ni la mort !* »

Dès que vous ne ferez plus avec Jésus-Christ

qu'un même être, j'oserais presque affirmer que Dieu aura un intérêt personnel à vous garder, à vous sauver. Vous et lui vous ne ferez qu'un !... Il n'y aura pour ainsi dire pas de transition pour vous entre ce monde et l'autre, quand votre passage s'accomplira en compagnie du Dieu que vous allez retrouver.

La vie éternelle consiste à connaître Dieu et à l'aimer... L'Eucharistie, par la communion, est la connaissance imparfaite, l'amour anticipé, mais une connaissance sûre et un amour puissant. Le ciel est une communion à perpétuité ; la communion sur la terre est un prélude, un avant-goût, un abrégé du ciel.

Et puis, quelle consolation... dans la présence réelle de Jésus-Christ, soit au saint tabernacle, soit, mieux encore, dans notre propre cœur ! Cette présence, on la sent, on la goûte, surtout à l'heure des épreuves, quand on est délaissé, triste, fatigué, abandonné, meurtri, quand on est en deuil, quand on a besoin de verser des larmes.

Le monde a coutume de s'en aller alors, et le monde fait bien ; car il n'est capable ni de nous distraire ni moins encore de nous consoler. Je ne sais rien de fatigant à un chrétien profondément affligé comme la visite et les propos d'un homme ou d'une femme du monde.

Les amis eux-mêmes sont souvent inhabiles et toujours impuissants... Ils sont d'ailleurs si faciles à se lasser... Où sont-ils, depuis que vous êtes malheureux? Sont-ils venus réclamer, discrètement mais sans vouloir céder, le droit de pleurer avec vous? Nullement.

Eh bien, voici un ami qui ne nous fait pas d'infidélité, qui nous aime mieux quand nous sommes en peine, parce que le chagrin nous ramène plus sûrement à lui et nous garde plus exclusivement pour lui. Son heure privilégiée est celle où tout croule autour de nous, où tout nous fuit et nous abandonne. Il nous aime tant, ce bon Dieu, qu'il voudrait nous emporter au désert, afin que nous fussions tout à lui... Le désert s'est fait autour de nous. Il en est bien aise... Que de bonnes heures cela lui promet, durant lesquelles il nous prodiguera des consolations certaines en nous communiquant des espérances fondées!

J'ai connu, il y a vingt ans, un admirable chrétien, époux parfait, père de famille fidèle aux devoirs les plus minutieux de cette grave vocation, et, — ce qui n'ôte rien à la valeur de l'exemple qu'il donne, — homme très-haut placé par le rang et la fortune.

Il avait reçu une éducation sévère, un peu janséniste, et quoique menant une vie aussi parfaite, il ne communiait qu'à de très-rares intervalles, trois ou quatre fois l'an peut-être...

Cet homme eut, il y a dix ans environ, le malheur de perdre une femme en tout *digne de lui* : — il n'y avait pas de meilleur éloge à en faire. — Depuis ce moment, sa religion pratique a tout à fait changé de forme : il communie plusieurs fois la semaine ! Le culte voué à sa chère morte a créé en lui ce besoin de communier au Dieu de l'éternité...

Je recommande aux âmes en deuil cette pratique pieuse que l'on appelle la *visite au très-saint sacrement*. Qu'elles choisissent de préférence l'heure où l'église est plus solitaire : cela conviendra mieux à leur douleur. Il faut dérober aux hommes les larmes qu'on verse dans le sein de Dieu.

Jour à jour, heure à heure, le temps s'en ira...
et après lui, ce sera l'éternité, avec les nôtres et
avec Dieu!

Il n'y a aucune exagération a appeler la table
eucharistique *le banquet des immortels !*

XXXIX

La mère des vivants et des morts.

Il n'est guère possible à ceux qui instruisent ou consolent au nom de la religion catholique d'omettre le nom de la mère de Dieu.

Je recommande d'une manière toute particulière, à ceux qui chercheront une consolation dans le culte des morts, la dévotion envers la très-sainte Vierge.

Dans ce tableau universel de la communion des saints, dans cette vaste assemblée de l'Eglise, elle occupe une place, elle porte un titre, elle remplit des fonctions qui ne peuvent nous laisser aucun doute sur l'efficacité de son intercession auprès du

Dieu des justices, des miséricordes et des récompenses.

Je suppose toujours admis, par les âmes auxquelles je dédie ces méditations, le dogme catholique. Faire de la controverse pour guérir des cœurs ulcérés me semblerait bien inopportun : ceux qui souffrent ne veulent pas qu'on discute, et ils ont raison.

Donc, la très-sainte Vierge, mère de Notre-Seigneur Jésus-Christ Dieu et homme parfait, est également la mère de tous les hommes. Elle nous a adoptés pour enfants, en même temps et de la même manière que son Fils unique nous a adoptés pour frères.

Elle a vécu pauvre et simple, comme le plus petit d'entre nous.

Elle a eu un père qui s'appelait Joachim, une mère qui s'appelait Anne. Elevée à leur foyer, elle les a perdus un jour. Leurs vertus patriarcales n'ont pas dispensé la jeune fille de pleurer sur la tombe de ses parents, comme nous pleurons sur la tombe des nôtres.

Elle a vu mourir son époux, saint Joseph, avec lequel elle avait passé de si douces et de si bonnes années, travaillant avec lui à l'éducation du plus beau des enfants des hommes puisqu'il était Dieu. Elle a donc été veuve et elle a connu la douleur de cet état de délaissement et de dure solitude... d'autant plus dure à porter que celui qu'on perdit était meilleur. Or son époux était parfait.

Elle a été mère d'un fils qui « croissait en sagesse et en grâce, en même temps qu'en âge, devant Dieu et devant les hommes. »

Après la vie la plus admirable et la plus utile à ses concitoyens et aux étrangers, quand il eut « passé en faisant le bien et en guérissant toute infirmité... » elle le vit en butte aux traits les plus envenimés de ceux qu'il était venu sauver.

Elle entendit les cris de mort sortir des lèvres de ceux qui, quelques jours avant, avaient crié : « Heureuses les entrailles qui vous portèrent ; heureux le sein qui vous allaita ! »

Elle assista à la dernière scène où un des siens le trahit.

Elle le vit condamné à mort, portant, dans l'humiliation et les accablements de tout genre, une lourde croix qui était le gibet sur lequel il devait mourir.

Elle le considéra, méconnaissable pour tout autre que pour les yeux et le cœur d'une mère, couvert de sueur, de boue et de sang... Ainsi devaient-ils être, dans ces affreuses mêlées, nos jeunes guerriers après les actions sanglantes !

Elle le vit cloué nu sur la croix... Elle se tint debout au pied de ce gibet, dévorée de douleur, majestueuse de résignation. Le sang de son fils coulait jusque sur elle...

Elle le reçut dans ses propres bras, sanglant, défiguré, tué ; ses bras maternels furent son premier sépulcre. Elle le pleura mort, et puis, quand il fut glorieusement ressuscité, elle demeura seule, car il revint aux cieux !

Elle a donc été la femme du sacrifice, *la mère des douleurs* par excellence.

C'est une première ressemblance renfermant de belles leçons : c'est ainsi que Dieu a traité sa propre mère, qu'il aimait d'un amour humain et divin. Il a attaché à la douleur un tel prix de salut et de rédemption que l'ayant d'abord acceptée pour lui, il n'en a pas frustré ceux qui lui furent le plus chers, sa mère !

Et Marie a tout accepté sans se plaindre, avec

résignation, avec un esprit de parfaite conformité aux expiations accomplies par son propre fils. Voilà ce qu'il faut considérer pour juger sainement d'un état désastreux, quand nous y sommes réduits.

Un jour elle s'endormit d'un sommeil plus long que d'habitude : l'amour privé de son objet avait produit en elle quelque chose comme la mort. Les anges messagers de son Fils emportèrent aux cieux cette dépouille qui avait été le temple d'une si belle âme.

Elle devint la reine du ciel en demeurant la reine de la terre.

Elle fut établie médiatrice entre les hommes et son divin Fils, comme son divin Fils est le médiateur souverain entre Dieu son Père et les hommes.

Et telle fut la persuasion des plus grands génies et des plus grands saints, que le monde a continué d'être sauvé par elle et qu'elle a été, depuis le ciel, le canal de toutes les grâces déversées sur l'humanité.

« Dieu, » dit Bossuet, « n'a rien voulu changer à l'ordre du commencement. Et de même qu'à une première fois il nous a donné par l'entremise d'une femme le salut et la rédemption, il continue, par la médiation de cette même créature, l'application de la rédemption une première fois accomplie. »

La toute-puissance de cette intercession n'a jamais fait un doute dans l'Eglise de Dieu.

Mais je dirai presque qu'elle a *ses préférences...* naturelles jusqu'au séjour de l'éternité.

« Il y a, » disaient les anciens sages, « une consolation pour les malheureux d'avoir des compagnons d'infortune. » J'apprécie moins ce point de vue ; mais je me dis qu'on est mieux disposé envers ceux qui burent au même calice que nous. Les ressemblances produisent les sympathies, et si, dans ses souvenirs d'outre-terre, la Mère glorifiée de Dieu rencontre des êtres qui lui sont plus unis par une conformité de titres, de douleurs, de sentiments et de toute la vie, mère de tous les chrétiens en général, elle ne peut se défendre d'un intérêt tout particulier, d'une affection plus tendre pour ceux dans le cœur desquels elle se reconnaît mieux... *Pour vous, ô mères infortunées de nos soldats massacrés, ô toutes mères dont les fils sont morts !*

Elle est surtout la *consolatrice des affligés* comme elle fut la mère des douleurs. « Qu'il vienne à moi, celui qui pleure, » dit-elle; « venez à moi, vous tous qui êtes fatigués, tristes, malheureux; venez, je vous soulagerai. »

Sa puissance d'intercession repose sur le titre de *mère de Dieu*, qui la traite comme telle jusque dans les cieux.

Sa bonté ressort de son titre de *mère des hommes*; car tout son cœur lui reste.

Les chrétiens ont lu ces deux mots sur sa bannière et ils ont répondu par *la confiance*, une confiance motivée autant que spontanée, venant à la fois de la tête et du cœur.

De ce sentiment est né un culte universel qui n'a de supérieur que le culte rendu à Dieu, auquel celui-ci se rapporte.

Ainsi *puissante* et *bonne*, la sainte Vierge est la mère de l'Eglise entière, de l'Eglise souffrante, par conséquent. Les pauvres frères du purgatoire la connaissent, l'aiment, la désirent. Elle les connaît, elle les aime, elle les désire.

Vos frères et vos fils tombés à Wissembourg ou à Belfort sont ses enfants : elle veut les secourir, hâter leur salut, les introduire dans le paradis de son Fils qui est son ciel et qui doit être le vôtre.

Que de soldats dont elle a surveillé l'agonie, remplaçant leur mère qui, au départ du village, les lui avait confiés !

Elle ne les a pas sauvés du trépas, parce que les desseins de Dieu étaient que la France rachetât par beaucoup de sang de nombreuses prévarications. D'ailleurs, dans les vues providentielles, les victimes sont souvent la rançon des bourreaux. Mais elle les a visités sur cette couche inhumaine qui était la terre nue, un fossé ensanglanté. Elle a été debout et consolatrice au pied du calvaire de nos braves.

A cet amour si vaste, qui embrasse les mondes et les siècles, la France eut de tout temps la plus glorieuse part.

Un artiste faisant un jour un portrait de la Mère de Dieu, reine de toute la terre, la dépeignit debout, sur un globe terrestre qui lui servait de piédestal. Mais sur la fraction du globe qui correspondait directement à ses yeux tendrement abaissés et à ses mains ouvertes, l'artiste avait écrit ce mot : *France*. Oui ; toute la terre est sous sa domination protectrice.

La France est sa fille bien-aimée : la France des vivants et la France des morts !

Je trace pour moi-même cette parole d'espérance, le matin du 8 septembre 1870, jour consacré à célébrer la nativité de cette auguste créature ; et je ne peux m'empêcher de me souvenir qu'il y a aujourd'hui même quatorze ans, les murs de Sébastopol tombèrent définitivement sous nos armes victorieuses. C'est avec les canons pris sur l'ennemi d'alors qu'on fondit plus tard cette statue colossale à laquelle on a donné, sur la montagne qui lui sert de piédestal, au Puy-en-Velay, le titre de *Notre-Dame de France !*

Deux glorieuses conduites du règne qui s'en va !

Mon Dieu ! allons nous avoir un anniversaire digne de Sébastopol !

La France entière est aujourd'hui prosternée devant les autels de la Vierge Marie.

Puissent les nouveaux maîtres de nos destinées comprendre qu'à côté des armes de fer et de bronze qu'on prépare, il y a des protections et des défenses surnaturelles que la patrie en péril ne doit jamais oublier !

Dieu protége la France parce que la France fut toujours fidèle à la Mère de Dieu.

P. S. Je recommande aux chrétiens en deuil cette simple prière dont l'auteur, saint Bonaventure, fut un grand théologien et un grand saint :

« Sainte Marie, mère de Dieu, consolatrice des affligés et secours des chrétiens, douce Vierge, mère de notre Sauveur Jésus et de tous les fidèles, ô vous qui êtes aussi la mère de toutes les pauvres âmes qui souffrent tant dans le purgatoire, j'implore avec confiance l'immense bonté de votre cœur et je vous prie d'intercéder auprès de votre divin Fils, afin que par les mérites de son saint sacrifice les âmes qui sont châtiées et purifiées par le feu de la souffrance comme l'or dans la fournaise, obtiennent le soulagement et la délivrance auxquels elles aspirent. »

Ainsi soit-il.

XL

La rançon des captifs.

Nous sommes en pleine pratique religieuse, en plein ascétisme catholique. Le malheur prédispose le cœur à la docilité. Il rend facile la foi et faciles les œuvres.

Une des plus utiles dévotions envers les morts, c'est d'accomplir des actions auxquelles sont attachées des *indulgences* qui leur soient applicables.

Exposons cette doctrine si délicate, sur laquelle les uns se font tant d'illusions, pendant que d'autres répandent beaucoup de calomnies : les uns et les autres sont ignorants de ce qui est la vérité en cette matière.

Pour parler des indulgences applicables aux

morts, il faut supposer démontrées les thèses suivantes :

L'immortalité de l'âme et la vie future, les récompenses et les châtiments après la mort, le purgatoire, la communion des saints, c'est-à-dire la réversibilité de nos mérites à nos frères, même après leur mort; l'autorité souveraine des pontifes dans l'administration spirituelle de l'Eglise de Dieu. La foi, l'espérance, la charité, sont nécessaires et prouvées en ces pratiques. Ainsi tout se relie dans notre religion. La plus petite observance régulièrement accomplie suppose la religion tout entière.

Autrefois, on imposait aux membres de l'Eglise qui avaient commis quelque grave faute des pénitences canoniques qu'ils devaient intégralement accomplir avant d'être réintégrés dans l'assemblée des fidèles et de recevoir l'absolution... Ces attentes et ces pénitences furent parfois très-rudes et très-longues. Notre siècle ne les comprendrait pas. Les chrétiens des rangs les plus éclairés et les plus éminents s'y assujétissaient alors comme les pauvres et les enfants.

Peu à peu, l'Eglise, toujours clémente, abrégea ces épreuves en attachant à certaines pratiques la faveur d'être équivalentes à une partie ou au tout de ces pénitences canoniques... C'est là l'origine *des indulgences.* Les souverains pontifes décrétèrent que telle prière, tel pèlerinage, telle œuvre enfin dispenserait de quarante jours, d'une année de pénitence ou de toute la pénitence imposée à certains délits. De là les indulgences dites *plénières* et les indulgences appelées *partielles.*

Il y eut beaucoup d'abus de la part de ceux qui usèrent de ces concessions.

Il y en eut même de la part de ceux qui les accordèrent.

Il y eut des exagérations incroyables, d'affreuses jalousies et une insigne mauvaise foi de la part de ceux qui les blâmèrent.

Une querelle de moines à propos d'indulgences a donné naissance au protestantisme.

Tout ce qu'il y avait de consolateur et de bon dans l'usage des indulgences est resté.

Les pénitences canoniques n'existent plus, et les chrétiens qui reçoivent l'absolution sacramentelle savent combien peu mérite d'être comptée la pénitence qu'on leur impose : un *Pater* et un *Ave*, un acte de contrition, une courte litanie, une lecture d'un chapitre de l'*Imitation de Jésus-Christ*, telles sont les injonctions les plus sévères ; et quand cela doit être répété durant une semaine, c'est déjà trouvé long.

L'esprit des peuples s'est facilement habitué à cette charité de l'Eglise, à cette miséricorde de ses ministres.

Mais la théologie nous enseigne qu'après l'absolution sacramentelle, il reste habituellement une obligation de pénitence, une nécessité d'expiation qui doit être accomplie ou en cette vie ou en l'autre. Tous sont persuadés que les âmes dont les dispositions sont assez parfaites pour mériter que l'absolution leur donne un droit immédiat aux récompenses éternelles sont encore fort rares. Donc, si les pratiques ont varié, les principes ont dû demeurer les mêmes.

Mais les souverains pontifes ont maintenu la concession et l'usage des indulgences... Ils ont attaché à telle prière, à telle pratique une vertu qui eût équivalu à telle fraction ou à la totalité des peines extérieures autrefois encourues.

Dieu, qui est la bonté même, en jugera dans sa miséricorde.

Le sacrifice de la messe, la communion ont été, surtout à certains jours, l'objet de ces concessions paternelles de nos pontifes romains.

Les chrétiens éclairés et sincèrement pieux accomplissent avec bonheur ces pratiques dans les conditions où elles sont prescrites. C'est une partie de l'administration du salut des âmes soumises à l'autorité du vicaire de Jésus-Christ... Le Père commun ouvre à ses enfants le trésor des grâces dont il dispose et il leur dit : *Puisez.*

Or, comme tout est commun entre les fidèles, les indulgences gagnées par celui-ci peuvent être applicables à celui-là, et le bénéfice surnaturel inhérent à telle œuvre peut être appliqué aux âmes du purgatoire comme toutes les œuvres religieuses dont nous avons parlé.

Telle est la doctrine catholique sur les indulgences.

Il y a là des obscurités inévitables, comme en contiennent tous les enseignements qui ont la foi pour objet... Mais il y a la garantie de l'autorité... Il y a cette confiance rationnelle qu'on attribue au génie et à la vertu. Les grands hommes et les saints ont admis la théorie des indulgences et ils en ont usé pour eux-mêmes.

« L'Eglise a reçu de Jésus-Christ le pouvoir de les accorder, et l'usage en est très-salutaire au peuple chrétien.

» Elles sont établies pour relâcher la rigueur des peines temporelles dues au péché.

» L'intention de l'Eglise n'est nullement de nous décharger par les indulgences de l'obligation de satisfaire à Dieu : au contraire, elle les accorde de préférence à ceux qui se mettent en devoir d'accomplir cette satisfaction.

» Nous serions ennemis de nous-mêmes si nous n'avions pas recours aux indulgences de l'Eglise.

» Il faut donc faire de bonne foi tout ce qu'on peut pour les bien gagner et en attendre l'effet de la miséricorde de Dieu, qui *seul connaît le secret des cœurs.*

» Les indulgences sont fondées sur les satisfactions de Jésus-Christ et des saints.

» La bonté de Dieu veut bien, en faveur des plus pieux de ses serviteurs, se laisser fléchir envers les autres.

» Les satisfactions des saints sont unies à celles de Jésus-Christ, dont elles tirent toute leur valeur.

» Le pouvoir d'accorder des indulgences appartient au pape dans toute l'Eglise, aux évêques dans leurs diocèses, avec les limitations que l'Eglise y a apportées. »

Telle est l'admirable théologie, tel est le catéchisme de Bossuet littéralement reproduit. En de pareilles compagnies, on peut croire et on peut respecter; on peut attendre et on peut espérer. Quand on a pour soi le bénéfice de tant de discussions antécédentes, de tant de traditions avérées, il y a une sagesse consommée à s'en tenir à *la foi du charbonnier*, aux pratiques des *bonnes gens*.

Quand d'ailleurs cette foi et ces pratiques peuvent, après nous avoir améliorés nous-mêmes, être encore utiles à ceux que nous aimons, à ceux que nous pleurons... les docilités sont préférables aux discussions. Dans le seul cas d'une simple probabilité, d'une simple possibilité de les secourir, on ne se pardonnerait pas une négligence.

Et ici il y a des certitudes, malgré les ombres que j'ai appelées nécessaires, et dont la présence, du reste, ne fait que donner un mérite de plus à nos croyances et à nos œuvres.

Faisons-nous humbles d'esprit pour l'amour de ceux que nous avons perdus.

Je connais de bons chrétiens, de saints prêtres qui joignent tous les jours à leur prière du matin cette formule : « Mon Dieu, je vous supplie d'appliquer aux âmes qui souffrent en purgatoire, en commençant par l'âme des miens, le fruit de toutes les œuvres pieuses ou morales que j'accomplirai aujourd'hui avec le secours de votre grâce. »

C'est s'enrichir que de donner ainsi.

XLI

Pensez à vous.

On a souvent répété dans le monde cette parole :
« Charité bien ordonnée commence par soi-même. »

Quand il s'agit de choses matérielles, ce n'est plus de la charité, mais de l'égoïsme. Quand il s'agit de biens spirituels, il est permis, il est bon, il est ordonné de songer à soi-même et d'y songer en première ligne.

« A qui ou à quoi sera-t-il bon, celui qui est mauvais pour sa propre âme ? » A rien ni à personne.

Le culte des morts est une sainte pratique lorsque l'on considère Dieu, auquel ce culte s'adresse.

Le culte des morts est une œuvre éminemment

bienfaisante, eu égard aux chers êtres qui en sont l'objet.

Le culte des morts n'est pas moins utile, consolateur, moralisateur, sanctifiant aux êtres qui le pratiquent.

Pensez à vous désormais : c'est le dernier mot de ces considérations.

La mort doit être moins hideuse dès qu'elle nous apparaît sur le visage éteint de celui ou de celle que nous avons aimé...

« O mort! que ton souvenir est amer à celui qui a mis sa paix et toute son espérance dans les biens de ce monde!... » Il lui faudra tout quitter, et sa paix elle-même court grand risque de s'en aller avec tous ces objets frivoles au sort desquels il l'avait attachée.

Les cupides, les ambitieux, les avares, les sensuels ne doivent pas aimer l'aspect de la mort : cela les trouble, les inquiète, et ils ne veulent pas être inquiétés. Ils n'ont pas le courage de juger une fois le néant de tout ce à quoi ils se sacrifient. C'est pour eux bien regrettable; ce peut leur être bien funeste!

Certains philosophes anciens avaient coutume de placer une tête de mort au milieu de leurs festins, dans leurs lieux de réjouissance : c'était exagéré, et d'ailleurs le regard s'habitue à tout; mais ce qui est plus sage, c'est de ne pas bannir de son esprit le souvenir de la mort.

« O mort! que ton jugement est bon cependant! »

Penser à toi de temps en temps donne de la sagesse, de la mesure, de la discrétion, de la bonté, tout ce qui a enfin quelque valeur en ce monde et pour l'éternité.

Cela n'empêche ni l'activité, ni le talent, ni l'utilité, ni la gloire ; mais cela tempère tout, cela transfigure tout.

Cette affreuse mort, elle aide à marquer d'un cachet divin tout ce qu'on envisage et tout ce qu'on touche avec elle.

Beaucoup de chrétiens très-sages dans leurs pratiques ont adopté celle de prendre à époques fixes un jour où ils s'occupent de leurs fins dernières... Ce jour-là, ils font, en esprit de préparation à leur suprême passage, toutes les actions soit religieuses, soit simplement morales ou même matérielles qu'ils accomplissent.

Leurs prières sont pour recommander à Dieu leur âme et leur éternité.

Leur confession sacramentelle, s'ils la font, ressemble aux confessions *in extremis* ; leur communion, s'ils la reçoivent, se fait en viatique. Dans leurs travaux, quels qu'ils soient, ils s'inspirent des intentions qu'ils voudraient avoir si la mort devait les surprendre avant la fin...

Quand on vit ainsi, la mort peut être prématurée ; elle n'est jamais une surprise... Elle est une tristesse et un deuil ; elle n'est jamais un malheur. Après tout, il n'y a d'intérêt à bien vivre qu'à cause de l'importance qu'il y a à bien mourir... La mort fait donc la discipline de la vie.

C'est une sagesse religieuse aux prêtres d'avoir établi dans leurs paroisses des institutions, des *confréries* appelées *des morts* ou *de la bonne mort*. On fera bien de les fréquenter : cela sera utile à ceux que l'on regrette, puisque en compagnie d'âmes bonnes et ferventes on priera pour eux ; cela sera bon à soi-même, puisqu'on apprendra à espérer et à attendre, à s'améliorer et à se rendre de plus en plus digne de la compagnie des élus et de celle de Dieu. Mais on ne saurait trop recommander la réserve, la discrétion, la prudence dans le choix des moyens consolateurs offerts aux âmes pieuses et éprouvées.

Toutes les institutions ne sont pas également bonnes, tous les livres ne sont pas également sains, toutes les pratiques ne sont pas également respectables. La spéculation et l'abus se mêlent aux meilleures choses : il n'est pas rare de trouver des êtres qui cherchent à battre monnaie avec la douleur d'autrui. De pareilles exploitations sont indignes... partout, mais ici plus qu'ailleurs : que les âmes en fassent justice.

Il y a ici des règles, des traditions : les nouveautés n'ont aucune raison d'être, si elles ne sont revêtues du sceau de l'autorité compétente. Règle générale : la vraie piété du cœur ne demande rien à la bourse...

Revenons au mot du Catéchisme : « Il faut leur demander de quelle part ils viennent et qui leur a donné la mission pour enseigner. »

XLII

Les morts sont nos missionnaires.

Votre affection persévérante pour vos morts doit vous amener nécessairement, dans un temps qui ne saurait être long, à opérer en votre vie ce renversement étrange, total qu'on a coutume d'appeler *une conversion*.

Il y a à cela deux motifs : le premier, c'est de rendre efficace ce que l'on fait de bien pour eux, soit dans l'ordre moral, soit dans l'ordre surnaturel ; le second est de se mettre pour soi-même en état de les retrouver, dans la patrie meilleure où nous avons la conscience qu'ils sont entrés...

Je vais expliquer ceci par deux traits auxquels j'ai été mêlé :

1. J'accompagnais un jour au cimetière un de mes amis d'enfance, conduisant avec lui le deuil de sa grand'mère : c'était la troisième fois, en quelques années, que je lui rendais cet office... Père, mère, grand'mère, il avait tout perdu en très-peu de temps et dans des circonstances qui devaient singulièrement augmenter la douleur de son âme.

C'était un ancien séminariste devenu un incrédule, ayant autrefois effleuré la théologie... mais en ayant gardé juste assez de notions pour déraisonner et appliquer à l'erreur quelques signes ravis à la vérité...

Mais ce jeune homme était un des meilleurs cœurs que j'aie jamais connus. On dit que cela ne se perd pas, et il faut ajouter que cela ramène toujours.

Nous redescendions du cimetière : il était fortement appuyé sur mon bras, et, sans égard pour la foule des curieux qui nous regardaient passer, il versait d'abondantes larmes :

— Je les ai bien aimés et bien servis, me dit-il ; et maintenant c'est fini, je ne peux plus rien pour eux !

— Vous vous trompez, lui dis-je ; vous pouvez

beaucoup pour eux, et ils attendent beaucoup de vous.

— Et quoi donc? car je leur donnerais ma fortune et ma vie.

— Des prières et des bonnes œuvres; il n'en faut pas davantage... Seulement, lui dis-je, vous savez la théorie catholique à cet égard : vous n'ignorez pas qu'il nous faut être en état de grâce pour que nos œuvres soient méritoires devant Dieu.

— Il faut se confesser, par conséquent.

— Eh oui, mon ami, c'est la première chose à faire.

Il se tourna vers moi alors, prit une attitude moitié solennelle, moitié suppliante, et me parlant familièrement comme vingt ans auparavant :

— Mon ami, me dit-il, crois-tu franchement que prier et me confesser soit de quelque utilité à ma pauvre grand'mère?

— J'en suis sûr, lui répondis-je; donc, je le crois.

Le lendemain, il se confessait, afin de se mettre en état de grâce, et très-peu de jours après il communiait, pour gagner en faveur de l'âme de ses chers morts ce qu'il savait être *une indulgence plénière.*

L'amour filial, le culte des trépassés fut le missionnaire providentiel qui ramena au bercail cette brebis égarée... « Je leur eusse donné vivants ma fortune et ma vie, » disait-il ; « comment leur refuserais-je un acte de religion quand ils sont morts? » Le sentiment a des logiques et des puissances auxquelles les êtres les plus obstinés ne résistent pas : c'est leur honneur et leur gloire.

2. J'avais, il y a juste quinze ans, des relations amicales avec un libre-penseur dont les rêveries philosophiques et religieuses avaient pour essentiel caractère d'émaner d'une bonne foi absolue. Il avait été saint-simonien prédicant ; il était demeuré franc-maçon très-zélé ; il avait la passion des questions religieuses, et difficilement nous nous abordions sans qu'il vainquît la réserve dont je fais toujours profession à cet égard. Il me *relançait forcément,* selon sa propre expression. Il était d'ailleurs très-fixé sur les objections : tous les paradoxes de Rousseau et de Voltaire lui étaient fa-

miliers, et beaucoup d'autres encore, de cette lignée tristement philosophique.

Cela dura plusieurs années, et je dois dire que je n'avais rien obtenu.

Cet homme vraiment froid, presque dur, mais à qui cette nature rendait plus facile l'honnêteté à laquelle il se montra constamment fidèle, cet homme, dis-je, avait un goût des plus prononcés pour l'esprit de famille. Il avait aimé son vieux père comme une idole, et son vieux père était un parfait chrétien... Il aimait sa femme au point d'en faire l'esclave de son foyer et pour ainsi dire l'ombre de sa personne. Il avait un fils à l'éducation duquel il voulait suffire... Cette femme était sincèrement pieuse, discrètement zélée... Il avait enfin au plus haut degré le culte des morts, et c'est par là que la Providence devait triompher de toutes ses oppositions philosophiques.

Un jour, un de ses neveux, orphelin dont il était le tuteur, alla mourir, dans sa propre maison, d'une de ces maladies d'épuisement auxquelles ne savent pas échapper, hélas! les intelligences les plus vigoureuses.

Tout avait été inutile pour persuader à ce jeune

homme de recevoir les derniers sacrements. L'oncle saint-simonien attendit jusqu'à la dernière heure ; mais là il nous vint en aide avec un succès complet : « Henri, » dit-il au moribond, « je ne suis pas un dévot, tu le sais ; mais, franchement, je ne voudrais pas mourir autrement que mon père... Allons, crois-moi, fais ton devoir. » Une heure après, le malade recevait les derniers sacrements avec une foi et une piété, ressuscitées sur le bord d'une tombe qui s'ouvrit pour lui dès le lendemain.

L'oncle conduisit le deuil et me demanda de me mettre à son côté. Il s'appuya sur mon bras. En entrant dans l'église, où il ne venait jamais, je lui offris de l'eau bénite et il s'en signa comme moi. Devant l'autel, je lui présentai une chaise à priedieu : il s'y jeta et ne s'en releva plus que quand les prières funèbres furent terminées... Au retour du cimetière, je le reconduisis à pied jusque dans sa maison. Tous les égards qui viennent de la confiance furent pour moi. Les amis du cercle et du club se demandaient le motif de cette préférence accordée à un prêtre par un homme qui ne les aimait ni ne les fréquentait. C'était bien simple : cet homme avait le culte des morts, et nous nous étions rencontrés près du cercueil d'un des siens.

Hélas ! et à très-peu de temps de là, quatre ans à peine plus tard, le philosophe se vit réduit à la même extrémité... Fidèle à ses théories de famille, désireux de retrouver ses aïeux dans l'autre vie et d'y attendre sa femme et son fils, il se prépara avec une docilité d'enfant à ce dernier passage : il se confessa et communia pour vivre comme sa femme, pour mourir surtout comme son vieux père... Tout son esprit philosophique sembla se transfigurer à cette dernière heure : il eut avec le prêtre qui l'assistait, avec sa famille et quelques amis, avec sa vertueuse femme surtout, des conversations dignes à la fois de saint Augustin et de Socrate ; car il était un sage et la sainteté le touchait désormais. L'*idée de famille*, qui l'avait dominé pendant toute sa vie, d'une façon parfois captivante pour les siens, présida à sa conversion, à son retour, à sa confession, à sa communion ; elle couronna sa vie et embellit sa mort.

Elle fut cause qu'il s'en alla avec espérance, avec certitude. Il consolait ceux qu'il laissait et embrassait déjà ceux qu'il allait trouver. Le culte des morts fut son missionnaire et la voix des morts son salut.

Et quand il fallut, plus tard, consoler sa veuve sur le mausolée que sa piété lui éleva, l'espérance fut facile.

Et quand l'éducation du fils unique, devenu un jeune homme, se présenta avec toutes les difficultés qui lui sont inhérentes en pareille occasion, on eut raison de ces difficultés par le souvenir vivant et les exemples de son père mourant.

Singulière coïncidence : il y a pour les vivants des ères de sécurité, de paix, de prospérité relative qui datent de la mort de quelqu'un des nôtres. On dirait qu'ils nous servent mieux depuis le ciel.

Ces deux récits, à l'authenticité desquels rendraient hommage deux familles attendries, démontrent que la dévotion envers les morts est un excellent motif de *conversion* : 1° par le désir de les servir encore après leur trépas ; 2° par l'espérance de les retrouver après le nôtre. Ils sont nos missionnaires!

XLIII

Le son des morts.

Le culte des morts a poussé de telles racines au cœur de l'humanité, qu'on peut dire qu'il a tout appelé et que tout lui a répondu.

Pas un artiste peintre ou sculpteur qui n'ait appliqué son esprit, son génie à la transfiguration de la douleur, sous la forme d'un enfant ou d'une femme représentant la consolation et l'espérance.

Les cimetières, les *campo-santo*, comme on dit en Italie, sont des musées admirables où l'on ne rencontre qu'une idée, qu'une inspiration, toujours la même, mais reproduite dans des variétés infinies!

Pas un écrivain qui n'ait au moins un chapitre, une page sur les tombeaux. On composerait, avec ces extraits, un beau livre qu'on pourrait appeler le *Livre des morts*.

Quelque autre s'en ira, peut-être, recueillant çà et là ces fleurs funèbres de l'éloquence et de la poésie : je ne regretterai pas de lui avoir inspiré ce travail collecteur. Nous ne pouvons pas faire par nous-même tout ce qui nous semble utile. La vie matérielle de l'homme est courte, eu égard à ses aspirations.

Je citerai cependant quelques extraits comme échantillon de tout ce que des loisirs plus nombreux pourraient faire découvrir à des chercheurs intelligents.

« Le premier est une méditation, presque une rêverie religieuse, du plus grand écrivain de notre siècle. Heureux si sa plume, qui était tout d'abord celle d'un ange, ne fût devenue avant la fin celle d'un génie dévoyé! O Lucifer, comment es-tu tombé!

« A l'heure où l'orient commence à se voiler, où tous les bruits s'éteignent, il suivait lentement, le long des blés jaunissants déjà, le sentier solitaire.

» L'abeille avait regagné sa ruche, l'oiseau son gîte nocturne; les feuilles immobiles dormaient sur leur tige; un silence triste et doux enveloppait la terre assoupie.

» Une seule voix, la voix lointaine de la cloche du hameau, ondulait dans l'air calme.

» Elle disait : « Souvenez-vous des morts. »

» Et comme fasciné par ses rêves, il lui semblait que la voix des morts, faible et vague, se mêlait à cette voix aérienne.

» Revenez-vous visiter les lieux où s'accomplit votre rapide voyage, y chercher les souvenirs de douleur et de joies qui ont passé si vite?

» Comme la fumée qui sort de nos toits de chaume et se dissipe soudain, ainsi vous vous êtes évanouis.

» Vos tombes verdissent là-bas sous le vieux if du cimetière. Quand les souffles humides du couchant murmurent entre les hautes herbes, on dirait des esprits qui gémissent. Epoux de la mort, est-ce vous qui tressaillez sur votre couche mystique?

» Maintenant vous êtes en paix : plus de soucis, plus de larmes ; maintenant luisent pour vous des astres plus beaux ; un soleil plus radieux inonde de ses splendeurs des campagnes, des mers éthérées et des horizons infinis.

» Oh! parlez-moi des mystères de ce monde que mes désirs pressentent, au sein duquel mon âme, fatiguée des ombres de la terre, aspire à se plonger. Parlez-moi de celui qui l'a fait et le remplit de lui-même, et seul peut remplir le vide immense qu'il a creusé en moi.

» Frères, après une attente consolée par la foi, votre heure est venue. La mienne aussi viendra, et d'autres, à leur tour, la journée de labeur finie, regagnant leur pauvre cabane, prêteront l'oreille à la voix, à la voix qui dit : « Souvenez-vous des morts. »

Ravissante page qui doit inspirer aux écrivains et aux consolateurs, non-seulement le désir de se montrer sincères avec autrui, mais encore l'habitude de demeurer logiques avec eux-mêmes et constants jusqu'à la fin à la pratique de ce qu'ils enseignent.

Que Dieu ait pitié de tous les anges momentanément déchus, et qu'il les sauve un jour à cause du bien qu'ils ont voulu faire au temps de leur simplicité native!

XLIV

Pensées d'un illustre consolateur.

J'ai aujourd'hui la bonne fortune de me trouver devant une bibliothèque. Mon livre des *Consolations* est à peu près achevé ; mais la pensée ne m'en quitte pas : je n'ouvre pas un livre qui ne m'y retienne et ne m'enrichisse.

Je parcours en une heure les œuvres spirituelles de Fénelon, le consolateur harmonieux de tant d'âmes, l'apôtre du mysticisme et le héros de la fidélité à l'orthodoxie.

Je glane çà et là quelques pensées plus appropriées : beaux épis dont je compose une gerbe.

Ce qui me repose et m'encourage, c'est que chaque mot de cette page peut se rapporter à une page de mon livre :

« C'est une triste consolation que de vous dire qu'on ressent votre douleur : c'est pourtant tout ce que peut l'impuissance humaine ; pour faire quelque chose de plus, il faut qu'elle ait recours à Dieu... Je le prie, non de vous ôter votre douleur, mais qu'il fasse qu'elle vous profite, qu'il vous donne des forces pour la soutenir et qu'il ne permette pas qu'elle vous accable.

» Le souverain remède aux maux extrêmes de notre nature ce sont les grandes et vives douleurs. C'est parmi les douleurs que s'accomplit le grand mystère du christianisme, c'est-à-dire le crucifiement intérieur de l'homme. C'est là que se développe toute la vertu de la grâce et que se fait son opération la plus intime, celle qui nous apprend à nous arracher à nous-mêmes.

» Il faut sortir de nous-mêmes ; et pour que nous soyons contraints à sortir de nous-mêmes, il faut qu'une plaie profonde de notre cœur fasse que tout le créé se tourne pour nous en amertume. Ainsi notre cœur blessé dans la partie la plus intime, troublé dans ses attaches les plus douces, les plus honnêtes, les plus innocentes, sent bien qu'il ne peut plus se tenir en soi-même et s'échappe de soi-même pour aller à Dieu.

» Dieu frappe sur deux personnes saintement unies. Il leur fait un grand bien à toutes deux : il met l'une dans la gloire, et de sa perte il fait un remède à celle qui reste au monde.

» Il a voulu récompenser celui que nous regrettons et nous détacher.

» Unissons-nous de cœur à celui que nous pleurons. Il nous voit, il nous aime, il est touché de nos besoins, il prie pour nous. Il vous dit d'une voix secrète : « Abandonnez-vous à la Providence. » Il faut bénir Dieu et tourner nos pertes à profit, pour se détacher de tout.

» Le détachement de grâce ne rompt ni n'affaiblit les amitiés. Il ne fait que les purifier. Peut-on aimer mieux ses meilleurs amis que de les aimer de l'amour de Dieu même et d'aimer Dieu en eux ?

» Je comprends tout ce que vous souffrez dans une si triste occasion... Vous savez d'où peut venir la véritable consolation dans la mort des personnes qui nous sont chères. La religion ne peut nous mieux consoler qu'en nous apprenant qu'elles ne sont pas perdues pour nous et qu'il y a une patrie, dont nous approchons tous les jours, qui nous réunira tous.

» Je compte sur l'écoulement de la vie et j'espère que nous nous retrouverons bientôt pour toujours en Dieu. Ceux qui meurent ne sont de même, à notre égard, qu'absents pour peu d'années et peut-être de mois. Leur perte apparente doit servir à nous dégoûter du lieu où tout se perd et à nous faire aimer celui où tout se retrouve.

» Un coup si rude nous sera salutaire.

» Dieu ne frappe que par amour et il n'ôte que pour donner.

» Et cependant ne vous laissez pas aller à des pensées affligeantes : les fragilités d'une jeunesse dissipée n'ont pas un grand venin. Dieu voit la boue dont il nous a pétris et il a pitié de ses pauvres enfants. D'ailleurs, quoique le torrent des passions et des exemples entraîne un peu un jeune homme, nous pouvons cependant dire de lui ce que l'Eglise dit dans les prières des agonisants : « Il a néanmoins, ô mon Dieu, cru et espéré en vous. »

» Un fond de foi et des principes de religion, qui dorment au bruit des passions excitées, se réveillent tout à coup dans le moment d'un extrême danger. Cette extrémité dissipe soudainement toutes les illusions de la vie, tire un espèce de rideau, ouvre les yeux à l'éternité et rappelle toutes les vérités obscurcies. Si peu que Dieu agisse en ce moment, le premier mouvement d'un cœur accoutumé autrefois à lui est de recourir à sa miséricorde. Il n'a besoin ni de temps ni de discours pour se faire entendre et sentir.

» Les hommes faibles et qui ne voient que les dehors veulent des préparations et des actes arrangés, des résolutions exprimées. Dieu n'a besoin que d'un instant où il fait tout et voit ce qu'il fait. »

En lisant ces extraits on est tenté d'appeler encore privilégiées les âmes qui ont eu de pareils consolateurs.

Heureusement des indiscrétions intelligentes ont livré au public et à l'avenir ces rayons de vie que leur auteur avait compté demeurer cachés. Le monde a connu et goûté ce qui était destiné à une âme.

Les mères sont toujours des mères.

La vérité est toujours la vérité.

Le nom des affligés n'est plus le même, mais la douleur a la même nature et la consolation vient invariablement de la même source.

Ecrivons des livres nouveaux ; mais relisons les livres anciens.

Fénelon, Bossuet, François de Sales sont les consolateurs des familles en deuil de nos armées françaises.

XLV

Une bonne mort.

« Si vous voyez quelqu'un mourir, » dit le sage auteur de l'*Imitation*, « dites-vous à vous-mêmes que vous passerez par le même chemin. »

L'obligation de mourir ne se démontre pas. Hélas! aucun homme, depuis que le monde existe, n'a pu s'y dérober.

L'important, c'est donc de bien mourir, de manière à emporter pour nous-mêmes l'espérance et à la laisser sur notre sort à ceux qui nous survivent.

Ce serait les affliger beaucoup que de les laisser inquiets sur notre salut éternel. Que les affections humaines réagissent donc sur notre volonté chrétienne. Apprenons à bien mourir à cause de ceux qui nous aiment. Dieu se sert de tout pour nous mener à bien, et il accepte tout ce qui nous attire à lui, même les moyens humains. Dieu est si bon!

La science la plus importante de ce monde, c'est de savoir bien mourir; et pour savoir bien mourir, un seul moyen existe et il suffit : il faut savoir bien vivre.

La fin ressemble au milieu, le milieu au commencement. L'arbre tombe du côté où il était penché, quand la cognée le frappe : telle vie, telle mort.

Il y a des exceptions; elles ne font que confirmer les règles. Dieu attache d'ordinaire à l'exercice des vertus morales un mérite qui conduit ceux qui les pratiquent à l'ordre surnaturel. Les honnêtes gens font le plus souvent des morts admirablement chrétiennes.

La mort violente sur les remparts ennemis est une belle mort.

La mort douce dans le lit où la religion nous visite est une bonne mort.

L'une et l'autre sont, à ceux qu'elles laissent affligés, une légitime consolation.

Quand on assiste à ce spectacle d'une épouse, d'une mère qui agonise dans la plénitude de ses facultés intellectuelles, affectives; quand on voit agenouillés au pied de sa couche son mari navré, ses enfants, dont les plus jeunes ne comprennent rien aux larmes de leurs frères... quand on écoute ces dernières paroles où l'austère majesté de la mort se mêle au sourire de la bonté et de la vie; quand on voit cette main blanche et desséchée se lever avec peine sur ces têtes penchées pour y verser une bénédiction qui porte toujours bonheur... quand on a le religieux courage d'assister aux dernières cérémonies, à la réception des derniers sacrements, du saint viatique surtout... quand on entend la voix du prêtre dire tout haut : « Que le corps de Notre-Seigneur Jésus-Christ garde votre âme pour la vie éternelle ! »

Quand on écoute la profession de foi d'un mourant; quand de ces lèvres pâlies et sèches sort ce triple cri : « Mon Dieu, je crois en vous, j'espère en vous, je vous aime... »

Quand de temps en temps, comme le dernier accent d'une lyre qui se brise, la vénérée mourante appelle quelqu'un des siens pour une dernière recommandation, pour un dernier sacrifice, pour un dernier adieu !...

Quand elle joint ses mains, qui vont s'immobiliser, en serrant le crucifix, symbole de la rédemption et gage du salut...

Quand on est témoin de ce dégagement volontaire des choses de « ce monde, dont la figure passe » comme fuient les horizons lointains pour les vaisseaux qui rentrent dans le port...

Quand elle se dit tout bas, comme le poëte :

« A l'heure des adieux, je ne regrette rien !

» Rien que tous ces êtres aimés qui avaient tant besoin de nous et dont je remets le soin à Dieu... »

Quand on veille au chevet de cette chère mourante pendant les quelques nuits qui se prolongent encore au delà des prévisions les plus affectueuses... quand on suit pas à pas, d'heure en heure, cette purification visible qui s'opère par la souffrance morale bien plus encore que par la douleur physique... quand on plonge au fond de ces sacrifices où la résignation le dispute à l'angoisse et finit par la dominer...

Quand on sent, en pressant cette main et en baisant ce front, un froid qui semble venir des régions les plus ardentes de la vie...

Quand le prêtre revient et que, pour une plus abondante purification de cette chère âme, il récite tout haut les dernières prières, les litanies funèbres, et finalement cet ordre douloureux, qui ressemble pourtant à un chant de départ, à un hymne de triomphe :

« Partez, âme chrétienne... au nom du Père qui vous a créée, au nom du Fils qui vous a sauvée, au nom du Saint-Esprit qui vous a régénérée ; que les anges vous fassent cortége et vous introduisent dans la gloire !... »

Quand on voit tout cela, quand on entend tout cela... on est ému et calmé ; on est brisé et confiant ; on est désolé et on espère ; on pleure et on prie ; on voudrait mourir et on se sent le courage de vivre...

Et, qui qu'on soit, jeune homme ou vieillard, riche ou pauvre, malade ou bien portant, prêtre ou laïque, courageux ou pusillanime... si on a de la tête et si on a du cœur, on se dit à soi-même et on dit à Dieu : « Puisse mon âme mourir de la mort des justes ; puissent mes dernières heures ressembler à celles dont je viens de considérer ici le tableau ! »

Lecteur ami, laissez-moi vous faire une confidence. Je vous ai raconté, en arrosant de mes larmes la page où ma plume courait, la mort de ma propre mère ! Il y a vingt-trois ans de cela ; il me semble que c'était hier.

XLVI

Le chrétien mourant.

Ce titre est de Lamartine. Il est expliqué en quatre strophes renfermant des paroles telles qu'un prêtre n'en saurait dire de meilleures. La poésie a des accents célestes. Les plus tristes choses sont encore bonnes à entendre, quand elles sont si noblement exprimées.

Qu'entends-je autour de moi? L'airain sacré résonne.
Quelle foule pieuse en pleurant m'environne?
Pour qui ce chant funèbre et ce pâle flambeau?
O mort! est-ce ta voix qui frappe mon oreille
Pour la dernière fois? Hé quoi! je me réveille
    Sur le bord du tombeau!

O toi d'un feu divin, précieuse étincelle,
De ce corps périssable, habitante immortelle,
Dissipe ces terreurs : la mort vient t'affranchir.
Prends ton vol, ô mon âme ! et dépouille tes chaînes.
Déposer le fardeau des misères humaines
    Est-ce donc là mourir ?

Oui, le temps a cessé de mesurer mes heures.
Messager rayonnant des célestes demeures,
Dans quel palais nouveau allez-vous me ravir ?
Déjà, déjà je nage en des flots de lumière.
L'espace devant moi s'agrandit, et la terre
    Sous mes pieds semble fuir.

Mais qu'entends-je, au moment où mon âme s'éveille ?
Des soupirs, des sanglots ont frappé mon oreille.
Compagnons de l'exil, quoi ! vous pleurez ma mort ?
Vous pleurez ! et déjà, dans la coupe sacrée,
J'ai bu l'oubli des maux, et mon âme enivrée
    Entre au céleste port.

J'espère bien n'avoir pas abusé de ces citations ; mais si j'ai démontré que la poésie a des affinités réelles avec la douleur, avec la consolation, avec l'espérance, en un mot avec tout l'ordre naturel et l'ordre surnaturel, je ne me défends pas de cette conviction : je croirai toujours que la poésie est avec la musique le mode suréminent dans lequel il soit donné à l'homme de parler la langue céleste : la langue de la prière et de l'action de grâces.

XLVII

Plus de douleurs ni plus de maux.

Quand même le ciel ne serait pas autre chose que la délivrance des maux de cette vie, ce serait un grand bonheur.

Le chapitre des tristesses humaines est si vaste : l'avoir déchiré, rayé de son livre humain, n'est-ce pas déjà un bonheur au moins relatif ?

Tristesses de l'esprit, tristesses du cœur ; douleur du corps par la maladie, tristesses de l'âme par l'infidélité au devoir ou par le remords ;

Tristesses personnelles et tristesses dont l'objet est extérieur, quand on souffre en ceux que l'on aime ;... oh ! que la vie est dure à ceux-là même qui semblent le plus favorisés !

Au moment où cette pensée naît dans ma tête, que se passe-t-il? La France entière est comparable à une vaste place assiégée. Nous semblons tous revenir d'un enterrement ou nous préparer à y assister. Nous ne goûtons plus les beaux soleils de notre automne. Les nuits sereines concordent mal avec nos anxiétés fiévreuses.

Les frimas et les pluies conviennent mieux à la douleur : la nature alors semble gémir et pleurer avec nous.

Qui sont les plus heureux, de ceux qui moururent ou de ceux qui restent? Nous assistons au spectacle navrant du vandalisme qui triomphe. Vaincrons-nous définitivement? Nous l'espérons encore; mais au prix de combien de sang et de quels sacrifices!

O Seigneur! donnez-nous une patrie qui ne craigne plus les envahisseurs, une cité dont la paix ne puisse être troublée ni par les guerres du dedans ni par celles du dehors; un séjour enfin où nous déposions les armes et où vivre ne soit plus être inquiet, incertain, souffrant, malheureux. « Délivrez-nous du mal! » Ce sera le premier et le plus signalé de tous les biens de votre éternité...

« Il n'y aura plus, au delà de la vie, ni douleur, ni clameur, ni deuil, parce que l'époque de toutes ces misères est passée ! »

La tentation qui fatigue l'homme honnête, les sens qui veulent triompher de l'âme vertueuse, tout cela aura cessé. La vertu n'aura ni labeurs ni périls !

Les passions humaines n'auront plus aucun empire ni au dehors de nous ni au dedans; les guerres seront finies et toutes les discordes auront un terme.

Les ambitions n'auront plus de cours et toutes les cupidités seront à jamais éteintes.

La liberté sera à jamais anéantie, le mérite n'étant plus nécessaire ni possible, et l'homme ne souffrira plus de cette impuissance, car, irrésistiblement, il sera porté au bien.

« Vous serez comme des dieux ! » C'était la séduisante promesse, la tentation; car alors il fallait être des hommes et s'en contenter, sans affecter des rivalités absurdes avec l'Eternel...

« Et moi je vous dis que désormais vous êtes comme autant de dieux ; car aucune des faiblesses qui sont l'apanage de l'humanité n'est plus à votre charge !... »

Je me souviens qu'un jour une pauvre veuve pleurait sur la tombe de son époux... C'était l'hiver. La tombe était encore fraîche... Une neige abondante couvrait le sol :

« O mon Dieu, » disait-elle, « comme c'est triste de penser que cette pluie et cette neige tombe sur eux, les pénètre, les traite comme des êtres sans abri, tandis que leur maison nous reste et que leurs vêtements sont désormais inutiles !... »

Vénérables divagations d'une douleur qui ne s'écoute plus !

Les morts n'ont plus besoin de rien : leur corps, au moins, est inaccessible à toute précaution matérielle... De rien, si ce n'est pour leur âme... Demandons pour elle un lieu de rafraîchissement, de lumière, de paix. Citoyens d'un pays où le mal n'est pas encore supprimé, consolons-nous en pensant qu'ils l'ont vaincu et qu'à jamais ils en sont délivrés.

XLVIII

Où vont-ils ?

Où les avez-vous conduits, ô mon Dieu, et qu'y vont-ils faire? Voilà maintenant ce qu'il faut dire. La fin de toutes choses, pour l'homme, c'est la vie éternelle, et cela s'appelle le *ciel*.

« Séjour où Dieu se manifeste à ses élus dans toute sa gloire ;

» Lieu ou état d'où tout mal est banni, où tous les biens sont agglomérés.

» L'œil n'a point vu, l'oreille n'a point entendu, le cœur de l'homme n'a jamais compris ce que Dieu a préparé pour ceux qui l'aiment ! »

Par conséquent, le ciel est une des choses, je veux dire un des dogmes, dont on peut le moins parler au point de vue des détails, celui de l'existence duquel on est le plus sûr, d'une manière générale.

Les auteurs inspirés et les saints ont eu recours aux images les plus expressives de l'ordre matériel pour représenter la gloire et le bonheur des élus :

« Ils brilleront comme des soleils dans le royaume de leur Père, comme des étoiles à travers les éternités perpétuelles.

» Seigneur, ils seront enivrés par l'abondance de votre maison, et vous-même, vous les abreuverez au torrent de votre volupté ! »

Mystère, mystère ! mais vérité que nous avons tout intérêt à croire et qui réserve en sa faveur les plus éloquentes certitudes.

Ce qu'on peut affirmer, c'est que toutes les facultés de l'intelligence et du cœur de l'homme seront pleinement satisfaites au ciel.

« Nous verrons Dieu face à face, tel qu'il est ; » et, en cette vision, nous découvrirons toute vérité sur n'importe quel objet présent ou passé : voilà pour l'intelligence.

Ici-bas l'erreur est notre partage habituel, et souvent nous n'avons pas de meilleur repos que le *doute*, qui est le plus affreux travail dont une âme droite puisse être tourmentée. La vérité sur les hommes et sur les choses nous échappe; l'illusion qui nous berce un moment ou une année finit par nous rendre déçus et malheureux. Il y a des heures où la vérité, longtemps ignorée et enfin connue, devient plus accablante que l'ignorance même. O heureuse ignorance! que n'y avons-nous persévéré!

Le sort des élus est de tout savoir, de tout connaître sans tourment et sans efforts.

« Nous verrons, ô mon Dieu, la lumière dans votre propre lumière. » Celui qui est *la vérité même* sera notre partage, notre possession, notre *récompense*. C'est sur lui que se reposera la claire vue de notre intelligence; et, comme il est le miroir éternel de tous les êtres, en lui tout nous apparaîtra, tout nous sera révélé.

Ne les plaignez donc plus, ces *fils de la lumière* qui ont enfin échappé à l'obscurité. Ne les regrettez pas, *ces enfants du jour*, qui sont entrés en possession du jour resplendissant et éternel. Ici-bas, ils *avaient soif* de vérité et on la leur marchandait, on la leur versait goutte à goutte; on les trompait. Ils ont été jetés à la mort comme des victimes, eux qui étaient des héros ; et jusque dans la guerre même qui les a emportés on s'est joué avec leur valeur et avec leur sang ! Ils savent aujourd'hui ce qu'il en faut penser, et c'est Dieu qui le leur a dit.

« O vérité, » disait autrefois Augustin, « que je voudrais me plonger dans ton sein comme on se jette dans un bain salutaire quand on est fatigué ! »

Ici-bas tout le monde ne comprend pas le bonheur intellectuel. Il y a des êtres simples qui ne soupçonnent même pas son existence. Mais au ciel, il n'y aura plus de simples ; l'enfant ou le laboureur qui ne surent pas épeler l'alphabet des hommes liront couramment au grand livre de Dieu !

« Je l'ai trouvé, je l'ai trouvé ! » s'écriait jadis un savant en parcourant les rues de la cité. Il s'agissait d'un problème géométrique, et cette découverte le rendait fou, fou de joie, d'un bonheur qui dut faire hausser les épaules à beaucoup de gens honnêtes, mais moins absorbés.

Nous cherchons tous, plus ou moins, le problème de notre destinée. Vos fils l'ont trouvé, pendant que les ombres pour nous l'enveloppent encore. Leur nature droite, leur âme, fille de Dieu et de la vôtre, s'en allait à la vérité comme le ruisseau va au fleuve, comme le fleuve va à l'Océan ! Ruisseau ou fleuve, leur âme est entrée en possession de ce qu'Augustin appelle *l'océan de la vérité.*

« Oh bienheureux sont-ils, les morts qui meurent dans le Seigneur, de telle sorte qu'ils se reposent de tous les travaux » de leur tête !

Ils sont heureux par le cœur : ceci est encore plus aisé à comprendre.

Ici-bas la douleur à la douleur s'enchaîne,
Le jour succède au jour et la peine à la peine !

Le mal vient à l'homme de la source même d'où devait jaillir pour lui le plus grand bien ; son tourment c'est sa puissance d'aimer, son malheur c'est son cœur...

Qu'ont-ils aimé, ces chers enfants ou ces vieillards que nous pleurons ?

Ils ont aimé avec sécurité leurs parents bénis, leur épouse ou leur fiancée qu'ils laissèrent au village. Heureux quand leur cœur s'enferma dans ces objets légitimes ! Il y eut tant d'occasions où le cœur de l'homme perdit les existences les plus pures, où la flamme destinée à monter dans les cieux rampa comme un serpent dans la poussière, dans la boue ! Pauvres victimes des amours insensées, que vous fûtes malheureuses, que vous dûtes souffrir avant de mourir ! Et, supposé que vous n'ayez pas senti ces aiguillons encore, jeunes gens de vingt ans, de quelles angoisses vous étiez à toute heure menacés !

« Il a été enlevé de peur que la malice ne le fît tomber dans ses séductions. » Il fut emporté jeune, ce qui signifie qu'il a moins connu le malheur des êtres affectueux et trompés, soit par autrui, soit par eux-mêmes.

Là-haut le cœur ne se rétrécit pas ; au contraire : il s'élargit à l'infini.

Borné dans sa nature, infini dans ses vœux,
L'homme est un dieu tombé qui se souvient des cieux.

Mais quand l'homme y remonte, l'infinité de ses vœux rencontre une pleine satisfaction. Il n'y a plus ici ni foi ni espérance ; car la foi suppose les voiles et l'espérance suppose le désir ; il n'y a plus que la charité, l'amour parfait dans sa plénitude, dans ses objets, dans son *éternité!*

Dans son éternité! voilà le dernier mot du *bonheur :* il est inamissible. On ne jouit pas sainement d'un bien qui peut à toute heure nous échapper, qui doit inévitablement nous échapper. « Celui qui s'attache à la créature tombera avec elle, car elle est périssable. » Aucun amour ne rendit heureux ici-bas un cœur humain, si parfait que vous le supposiez, un cœur de mère comme le vôtre : les meilleurs furent souvent les plus malheureux. C'était si pur, si beau, si bon d'aimer son fils ! Eh bien ! vous l'avez perdu ! Et, si vous y eussiez pensé, la possibilité de voir un Prussien ou un vice vous l'enlever aurait suffi à empoisonner votre maternelle félicité.

Le caractère essentiel du bonheur de nos chers élus c'est qu'il a pour lui l'*éternité!*

Après des millions et des millions d'années, de siècles, leur amour sera jeune encore. Aucune satiété ne lui est redoutable. Ils aiment comme Dieu aime, et Dieu ne se lasse pas.

Il faut s'arrêter à ces limites, déjà merveilleuses. L'imagination est courte et la parole plus courte encore. On sent tout ce qu'on désire, on sait tout ce qu'on espère ; mais on ne sait pas dire tout ce qu'on sent et tout ce qu'on sait.

La consolation suprême est celle-ci : ils sont heureux, et tout ce que nous voudrions leur donner de bonheur sans y pouvoir réussir, Dieu le leur donne avec la plus généreuse et la plus absolue efficacité.

Bannissez de votre amour humain tout égoïsme, et disons-nous simplement :

Ils sont au port; ils y sont pour jamais!

Ajoutons même, avec un désir tel, que la certitude de leur bonheur l'allume et le développe en nous :

O ma patrie,
O mon bonheur
Toute ma vie,
Sois le vœu de mon cœur !

Mon Dieu, faites pour eux ce que je ferais moi-même si, les aimant comme je les aime, j'étais puissant comme vous l'êtes!

— Mon fils, Dieu est *amour* autant qu'il est *puissance*. Il les aime bien plus que le meilleur père, que la plus tendre mère. Consolez-vous donc et remettez-vous-en à lui du bonheur de ceux que vous aimez!

Le ciel est pour nous plus beau depuis qu'ils y sont entrés.

La patrie de Dieu même nous est plus désirable depuis que les nôtres nous y attendent.

XLIX

Nous les retrouverons!

Est-ce vrai? Peut-on donner aux âmes en deuil cette consolation : « Vous retrouverez les vôtres; vous les retrouverez, tels que vous les avez connus par rapport à vous, vous aimant et se souvenant de vous; vous serez heureux non-seulement comme eux, mais avec eux et *par* eux, pendant toute l'*éternité?* »

Oui, absolument oui; la réponse à toutes ces questions d'un amour qui peut désormais être consolé ne me semble pas pouvoir être douteuse. Ecoutez :

Vous vous souvenez d'eux, *vous* qui êtes encore si imparfait ici-bas; vous pensez à eux, vous les pleurez, vous les servez, vous les *aimez* enfin ; car votre âme est persévérante : ce qu'elle sentit pour eux il y a vingt ans ou il y a deux jours, elle le ressent aujourd'hui. Vous avez bien raison de sentir ainsi. Sur cette terre, où tout est si passager, si futile, la constance est le caractère des êtres les plus nobles.

Seraient-ils moins parfaits que vous depuis qu'ils sont au séjour de Dieu? Leur âme, en devenant parfaite en Dieu, aurait-elle perdu ces qualités, humaines et divines à la fois, qui s'appellent le souvenir, la reconnaissance pour les bienfaits reçus, l'amour pur de ceux qui nous aiment? Oh! non : c'est impossible. Ou leur âme est éteinte, ou elle pense à nous ; ou ils ne sont plus rien, ou ils sont nos persévérants amis. Il n'y a pas de milieu.

En leur donnant le bonheur, Dieu ne les a pas amoindris, raccourcis. Nous franchissons les espaces, nous ; nous devançons les temps. Notre imagination les cherche là où elle a intérêt de les savoir, les découvre là où ils sont, et eux ne sauraient plus où nous sommes après nous y avoir laissés? Ils ne nous y verraient plus, ils ne nous y aimeraient plus? C'est impossible, c'est impossible !

Proclamer qu'ils sont tombés en pareil état, ce se-serait leur attribuer le néant ; et je ne sais pas jusqu'à quel point la doctrine du néant serait pour nous plus désespérante que celle qui consisterait à nous enseigner que l'âme immortelle de nos fils n'est plus capable de rien pour l'âme de leur mère !

Cet oubli, cette absence serait un mal, un très-grand mal, et tout mal est banni du ciel.

Le ciel est la réunion de tous les biens... *de tous* absolument. Or, voir son père et sa mère, se souvenir d'eux, les aimer, les assister, les attendre, les attirer, cela n'est-il pas un bien ?

Quoi ! cela est un bien pour nous, cela nous console... c'est *un bien* que Dieu nous donne par la foi et par l'espérance, et Dieu ne ment pas... c'est un bien, un vrai bien, un bien divin... et l'on pourrait admettre que ce qu'il nous donne il le leur refuse ? C'est impossible, c'est impossible ! Si leur bonheur peut se trouver dans les relations affectueuses, invisibles de leur âme avec la nôtre, ce bonheur existe. Leur bonheur est au moins à la mesure du peu qui nous reste. Or le nôtre est dans la pensée qui nous ramène auprès d'eux... Nous sommes partiellement heureux en les aimant, en nous disant que « rien ne nous empêchera jamais de les aimer. »

Par conséquent, nous les retrouverons dans ce qu'ils furent en eux-mêmes, dans ce qu'ils furent par rapport à nous.

Il faut raisonner pour le ciel que Dieu nous promet comme pour celui qu'il leur a donné : c'est le même.

Qui de nous ne se sent par avance plus heureux d'un ciel où la famille humaine de ce monde sera reconstituée que d'un ciel où on ne retrouverait plus de cette famille aucun vestige ?

La famille ! sanctuaire vénéré dont on n'ouvre les portes qu'en tremblant de respect; jardin scellé où toutes les fleurs cueillies doivent être des immortelles ; source sacrée dont les flots purs doivent couler jusqu'à la vie éternelle ! Dieu est l'auteur de cette admirable création, formée sur l'image de la trinité, de l'unité divine dans la trinité des personnes : le père, la mère, l'enfant... C'est là le chef-d'œuvre des opérations morales du Tout-Puissant. A moins de nier Dieu, il faut reconnaître que c'est lui qui a fait cela. Ces groupes affectueux, le

Très-Haut les créa avant que Michel-Ange ou Raphaël les aient dépeints. C'est Dieu qui ouvrit au cœur de l'humanité les sentiments d'amour qui priment tous ces beaux noms selon leur objet : l'amour paternel, l'amour filial, l'amour conjugal, l'amitié !

De même qu'étoile à étoile il a fait les brillantes constellations du firmament visible, de même qu'arbre à arbre il a fait les grandes familles végétales de nos forêts, de même que, montagne à montagne, il a fait les immenses chaînes qui sont les limites naturelles des patries de ce monde... il a fait ce paradis qui s'appelle la famille humaine.

Or, écoutez ceci :

Les étoiles dureront six mille ans, douze mille ans ; qui sait ?

Les forêts vivent des siècles, et leurs vieux troncs dépendent de nos bûcherons humains.

Les montagnes ne sont écrasées par aucune foudre ; César et Clovis ont passé par les mêmes défilés que nos soldats d'hier.

Et celui dont l'oreille entendit cette parole : « Faisons l'homme à notre image et à notre ressemblance, » celui qui a une âme et qui, avec cette âme, s'est reproduit de lui-même, aimant d'une tendresse paternelle sa production, l'homme-famille enfin, serait effacé de ce monde après dix ans ou après un siècle!... Non, non, c'est impossible! La nature matérielle, inanimée, brute, ne triomphera pas à ce point de la nature morale. Les animaux qui vivent cent ans, les chênes et les fleuves qui vivent cent siècles, les pierres et les étoiles ne seront pas supérieurs en durée à la famille humaine!

Il faut croire à la perpétuité de la famille humaine, à sa rénovation dans l'éternité, comme il faut croire à l'immortalité de l'âme et à la bonté de Dieu! L'un et l'autre de ces deux dogmes seraient renversés, anéantis, le jour où il n'y aurait plus de famille humaine au ciel.

Car, ou bien nous ne serions plus là pour jouir des bienfaits de Dieu, — le croire est une stupidité; — ou bien Dieu nous refuserait ce qui peut nous rendre heureux, — le dire est un blasphème.

Quelque concluantes que soient ces raisons, on aime, sur d'aussi consolantes assertions, ne pas demeurer livré à ses propres pensées; on aime étayer sur l'opinion d'autrui ses considérations et ses espérances. Le génie et la sainteté ont laissé sur ces doctrines des formules dignes d'être recueillies. Je conseille aux âmes pieuses la lecture du chapitre des *Confessions* de saint Augustin, où le grand docteur raconte avec des larmes tout humaines la mort de Monique, sa mère.

Voici une opinion plus autorisée encore :

« Embrassons avec joie le jour qui doit assigner à chacun de nous sa demeure, le jour qui nous délivrera de la prison qui nous retient, pour nous rendre au paradis et au royaume céleste.

» Qui de nous, étant exilé, ne s'empresserait pas de retourner dans sa patrie ? Qui de nous, se hâtant de naviguer *vers les siens*, ne désirerait pas un vent favorable, afin qu'il lui soit permis d'embrasser plus tôt ceux qui lui sont chers ?

» Nous savons que le paradis est notre patrie. Hâtons-nous d'y arriver pour y *saluer nos parents*. Ceux que nous aimons nous y attendent en grand nombre. *La troupe de nos parents, de nos frères et de nos fils nous désire avec ardeur.* En sûreté sur leur propre salut, ils sont encore en sollicitude sur le nôtre.

» Quel bonheur ce sera pour eux et pour nous d'arriver en leur présence et de jouir de leurs embrassements !...

. . . .

» Frères bien-aimés, hâtons-nous vers eux avec une avide et fraternelle cupidité, et désirons être avec eux pour vivre à jamais avec le Christ (1). »

Impossible d'exprimer en termes plus précis une espérance plus consolante. Or, ces paroles sont de saint Cyprien, admirable docteur sur le front duquel l'Eglise vénère la double auréole du génie et de la vertu.

Nous sommes au dernier terme de nos désirs, de nos espérances, de nos certitudes, de nos douleurs et de nos consolations : le ciel ! le ciel des âmes et de la famille.

Et le ciel de la patrie ??

A ces deux mots, qui n'en doivent aussi faire qu'un, le chrétien, le Français se recueille dans

(1) L'Eglise a adopté cette page dans l'office de l'octave de la Toussaint.

une douleur qui appelle aussi une nécessaire consolation.

Le Dieu créateur de l'homme et de la famille est aussi le créateur de la patrie.

Et c'est ce même Dieu qui a fait la France, la France fille aînée de l'Eglise et de Dieu.

Or, cette France, patrie aimée de nos cœurs, elle est humiliée, souffrante, déchirée, vaincue.

Elle est malheureuse et elle veut être consolée, car il lui reste des fils.

Je crois à sa régénération par la douleur et par la foi.

J'attends sa glorification comme patrie au séjour des élus!

Voici ce que dit Lacordaire :

« Les liens de famille ne seront pas brisés dans le ciel ; Jésus-Christ, en élevant sa mère au-dessus des saints et des anges, nous a fait voir que la piété filiale est une vertu de l'éternité. Pourquoi les liens des nations seraient-ils rompus? Pourquoi ne reconnaîtrions-nous pas nos chevaliers, nos rois, nos prêtres, nos pontifes à un caractère qui rappelât leurs travaux communs pour le Seigneur ou pour son Christ?

» Oui, j'aime à le croire, sur leur robe nuptiale, lavée dans le sang de l'Agneau, brilleront ineffaçables les couronnes de la France (1). »

O Lacordaire! c'est ainsi que votre génie traçait à vol d'aigle les destinées éternelles de notre patrie. Puissiez-vous être encore prophète après tant de désastres!

Daigne Dieu nous sauver à jamais dans une expiation plus grande encore que ne le furent nos erreurs!

La gloire éternelle de la nation française est à ce prix, mais cette gloire lui est assurée.

(1) *Discours sur la vocation de la nation française.*

L.

Appendice.

Le 17 aout 1870, après nos premières épreuves, je fus appelé à prononcer une allocution funèbre sur les glorieuses victimes de l'armée du Rhin.

Meurtri, comme tous les Français, de défaites si inattendues, j'étais cependant plein d'espérance pour l'avenir de cette guerre.

Nos armées existaient encore; nous n'avions eu ni Sedan ni Metz : on pouvait tout attendre des survivants de ceux qui étaient tombés à Reichshoffen et à Longeville...

Mais depuis... le deuil a tenu toute la place en notre histoire.

Le sang qui fut alors si glorieusement versé n'en

a pas moins de prix. C'est peut-être celui-là qui nous sauvera, quand la Providence aura jugé que l'épreuve est assez longue.

Je crois servir le cœur de ceux à qui sont destinées ces *Consolations*, en retraçant ici les quelques pensées que j'exprimais à cette époque si raprochée et qui semble déjà si loin de nous !

Les heures ordinairement si rapides sont bien longues, quand elles sont aussi mauvaises.

Que Dieu apaisé prenne en pitié notre chère France et lui donne de meilleurs jours !

ALLOCUTION FUNÈBRE.

> *Quomodo ceciderunt fortes ?*
> Comment sont-ils tombés, eux qui étaient les forts ?
> (Au livre des Rois, I.)

I

Mes Frères,

La cérémonie religieuse et patriotique à laquelle nous assistons nous transporte sur un champ de bataille à l'heure la plus lugubre de ces actions sanglantes : quand la canonnade ne retentit plus, quand les nuages fumants sont dissipés, quand un silence morne s'établit, quand enfin la vaste plaine, dans laquelle la vie s'agitait naguère selon ce qu'elle a de plus puissant, se trouve transformée en un réceptacle immense de morts, en un immense cimetière.

Il n'y a ici aucun frais d'imagination à faire. Hélas ! la réalité dépasse tout, puisqu'elle s'écrit avec des chiffres absolument formidables, quand même ils seraient relativement victorieux.

A l'heure où je parle, dans une lutte qu'on nous a dit devoir être longue et qui est déjà terrible, dans une guerre gigantesque et à peine naissante, des quantités de soldats français sont tombés. Combien sont-ils ? Dix mille, vingt mille, trente mille ? Nul ne le sait encore. Ce dont on ne peut douter, c'est qu'ils sont nombreux et qu'ils sont tombés en héros : *Ceciderunt fortes !*

L'histoire dira les péripéties inévitables de la victoire et de la défaite ; pour nous, entre les soldats de Wissembourg et ceux de Sarrebrück, nous ne faisons aucune différence : ils sont tous tombés dans la *force* qui fait les braves : *Ceciderunt fortes !*

Français et chrétiens, je vous convie à la vénération de ces magnanimes trépassés, à la contemplation de ces glorieux cadavres. Nul spectacle ne saurait nous faire ni plus de mal ni plus de bien... Plus de mal par la douleur, plus de bien par la légitime fierté !

Quelque infirme que soit d'ordinaire ma parole, quelque inopinément qu'on m'ait fait l'honneur de la requérir pour cette solennité triste et sublime, je ne désespère pas d'éclairer d'un rayon suprême ces dépouilles obscures : j'ose aspirer à saisir une leçon universelle et un cri d'espérance sur ces lèvres que le trépas lui-même ne peut rendre muettes; car, comme ce vieux capitaine des armées de Dieu, ils parlent encore quoiqu'ils soient morts : *Defunctus adhuc loquitur.*

Prêtre catholique et citoyen français, j'interpréterai devant vous leur dernier cri en des termes qu'aucun Prussien ne serait digne de comprendre; car c'est le cri d'une espérance religieuse et patriotique à la hauteur de laquelle ils ne sont pas. Les seuls peuples qui gardèrent notre foi peuvent partager notre espérance : *Ut non contristemini sicut et cæteri qui spem non habent!*

II

Et puisque j'ai nommé *la nation ennemie*, c'est *elle* que je veux faire passer la première devant ce cercueil ; c'est *elle* dont je veux tout d'abord forcer l'admiration en lui rappelant comment ils sont tombés ceux qui étaient si forts... et quelles conclusions elle doit raisonnablement et militairement tirer de leur chute : *Quomodo ceciderunt fortes!*

Soldats de l'Elbe et de l'Oder, mitrailleurs formidables par le nombre, regardez une dernière fois ces soldats que vous avez tués mais non vaincus. Dites, qu'en pensez-vous? Forcé dans ses aveux admirateurs, un de vos chefs a ordonné à votre arrogance dure de se découvrir, de s'incliner devant les valeureux prisonniers que la fortune a trahis. Ah! que n'eût-il pas dit, s'il demeure sincère, devant ceux qu'elle a fait ainsi périr et qui meurent en maudissant ses aveugles coups, pendant que leur visage blême se tourne vers la France où ils ont tout laissé, pendant que, de leur âme, s'échappe leur dernière prière vers le Dieu qui doit tout leur rendre ; car ils sont Français et ils sont chrétiens ceux qui tombent ainsi ; et c'était là le double secret de leur force : *Quomodo ceciderunt fortes !*

Les Prussiens ont désormais sous les yeux un échantillon de nos braves : nous verrons bien à quoi aboutiront leurs diplomaties dans la paix et leurs ruses de guerre. Leurs espions et leurs fourberies, trop peu surveillées, nous ont coûté cher ; mais ils sauront à l'avenir le prix du sang français. Prussiens de 1870, vous n'êtes pas meilleurs que vos pères, et nous ne sommes pas dégénérés des nôtres. Un peu plus tôt ou un peu plus tard, qu'importe ? vous serez jusqu'au bout les dignes fils des vaincus de 1806. Ils n'eurent pas moins d'audace que vous. Vous n'obtiendrez pas de meilleurs succès qu'eux ; et vous aussi, vous aurez votre Iéna !

Nos soldats restés debout vous le promettent ; mais c'est surtout nos soldats tombés qui en répondent : *Quomodo ceciderunt fortes !*

III

Après les ennemis, les frères d'armes, les compagnons, l'armée tout entière. La voilà courroucée et en deuil. Elle s'arrête, elle écoute, elle se recueille, elle fait des serments !

Ils sont tombés et ils étaient à vos côtés, combattant sous le même drapeau, enfants de la même patrie, soldats de la même armée, du même régiment peut-être ; ils sont tombés, eux, qui étaient si forts !

Quelle leçon et quel exemple ! quelle émulation et quel courage !... quelles espérances et quel gage de la victoire future, très-prochaine !

Voulez-vous que j'interprète le dernier cri de ces mourants sublimes? C'est celui d'un de nos plus braves capitaines français :

« Mes amis, si j'avance, suivez-moi ; si je recule, tuez-moi ; si je meurs, vengez-moi ! »

Ils ont *avancé*... Vous savez jusqu'où et comment. Incomparables cuirassiers, vous vous êtes élancés comme un seul homme, comme un hommerégiment : quand tout semblait désespéré, vous avez, durant une heure, soutenu le poids d'une montagne de bronze et de fer! la montagne vous a écrasés, mais elle s'est brisée en vous écrasant.

Ah! quand on lui a demandé de vos nouvelles, votre chef désespéré a répondu : « Des cuirassiers! il n'y en a plus! » Vous vous trompez, magnanime maréchal ; il y en a encore, il y en aura toujours. Les soldats succombent, mais le régiment demeure. Ils auront des successeurs à leur numéro d'ordre et à leur courage ; le sang des héros est fécond à l'égal du sang des martyrs : c'est une semence qui, jetée sur le sol de la France, produit, en un jour, une forêt d'hommes, une armée de guerriers !

Sanguis martyrum semen christianorum!

Et vous, chasseurs intrépides, vous n'avez pas *reculé* non plus. A peine l'ordre fut-il donné de vous faire écraser, vous l'avez suivi avec un enthousiasme miraculeux ; vous avez oppposé à l'ennemi une muraille humaine derrière laquelle l'armée sauvée a pu retrouver son chemin ! Vous y deviez périr, c'était inévitable ; mais que vous importait, puisque, avant que la muraille ait été absolument écroulée, votre chef immortel avait opéré en quelques heures une retraite plus glorieuse qu'une victoire. Ah! nous vantons sans cesse les vieilles histoires de la Grèce et de Rome; notre armée la plus moderne, notre armée du Rhin, que dis-je, la seule division de Mac-Mahon, compte déjà des épopées dignes à la fois de Miltiade et de Léonidas, de Marathon et des Thermopyles.

Lorsque autrefois Léonidas et ses trois cents Spartiates eurent succombé fatalement contre une armée de cent mille Perses, on écrivit sur leur tombe cette épitaphe célèbre : « Passant, va dire à Sparte que nous sommes morts pour obéir à ses saintes lois ! »

Les enfants de notre chère Lacédémone ont, eux aussi, succombé au seul nombre : l'ennemi les a vus, et il a été frappé d'admiration et de peur ; l'armée les a vus, et elle a juré de vaincre et de les venger; car ici la vengeance n'est pas seulement écrite au livre du droit des nations, elle est gravée au livre de la nature, qui fait partie du livre même de Dieu !

Que la France entière passe tour à tour devant

leur cercueil en s'inclinant, respectueuse et fière, d'avoir porté ceux qui sont morts ainsi.

France militaire et France civile, France des gouvernants et France des gouvernés, France de la chaumière et France des palais, France des vieillards et France des enfants, France de tous les âges et de tous les états, passez, passez encore dans une *revue générale*, devant le mausolée de ces héros, et qu'il soit unanimement répété, au sein des grandes assemblées délibérantes et sur les places publiques, du haut des tribunes civiles et du haut des chaires catholiques, que ces illustres enfants de la mère-patrie « sont tombés pour obéir à ses saintes lois » : *Quomodo ceciderunt fortes!*

Me serait-il permis de séparer, dans le regret et dans l'éloge, ceux que la Providence a daigné unir dans le sacrifice et dans la gloire? Assurément non. Laissez-moi donc les évoquer ici par leur nom, ces incomparables *turcos!* Enfants de Mahomet par les habitudes invétérées d'une croyance imposée dès leur berceau, mais Français par la conquête et par le courage, ils se sont battus comme le lion de leurs déserts. Victimes d'un idiotisme sublime, ils n'ont pas su comprendre l'ordre de reculer, même pour vaincre. Ah! je me souviens, en pensant à eux, de la théologie d'Augustin et de saint Thomas. La France a été l'ange providentiel de leur *bonne foi invincible*. J'oserais presque dire qu'ils ont reçu le baptême du sang; car eux aussi sont morts pour la justice, pour l'honneur, pour la liberté, pour le drapeau, pour la patrie! Et quand cet honneur est l'honneur français, quand ce drapeau est le drapeau français, quand cette patrie est la France, il n'y a plus rien au-dessus... que l'immortelle patrie des âmes. Dieu la leur donnera : *Quomodo ceciderunt fortes !*

Chrétiens, que pensez-vous maintenant de ces malheurs d'hier? Ne vous semblent-ils pas le prélude assuré des bonheurs de demain? Ah! nous avions, avant ces plaies calamiteuses, une confiance peut-être qui ne semble plus suffisamment justifiée devant les forces monstrueuses de notre ennemi... Mais, depuis que le sang français a coulé, la victoire définitive ne nous semble plus douteuse;

IV

Car ce sang ainsi versé n'est pas seulement une mémorable leçon et un éloquent exemple, il est ce que je pourrais appeler une *rançon providentielle!* Lois douloureuses de la solidarité, mais lois cependant que les hommes n'ont pas faites et à la valeur desquelles toutes leurs expériences ont été contraintes de donner raison.

Toute grande cause dut avoir, au commencement, ses prophètes, ses apôtres, et plus tard ses héros et ses martyrs...

Singulière condition de la vie que celle qui consiste à ne se manifester qu'au moyen de la mort ! Il a fallu du sang à tous les arbres que les peuples ont plantés au sol mouvant de leurs sociétés : du sang à l'arbre de l'honneur, du sang à l'arbre de la liberté, du sang à l'arbre de la religion, à l'arbre de la croix... Et le Christ, ce vaillant athlète du devoir, ce glorieux lutteur de la charité, n'a-t-il pas arrosé de son sang humain et divin à la fois cet arbre immortel de la vérité, de la religion, de l'Évangile !

Français, l'arbre vivant depuis quatorze siècles de notre civilisation sociale et chrétienne, momentanément transplanté aux extrêmes confins de notre territoire, a été naguère inondé du sang le plus noble, le plus généreux, le plus pur de la nation ! Attendez, attendez, dans les décrets du Dieu qui répond par la prospérité des fils à l'expiation des pères, les fruits prochains de ces hécatombes rédemptrices. Saluez ces héros dont le sang doit si puissamment peser dans la balance du Dieu des nations !

Le prix du sang humain, la valeur du sang français ! J'en parle avec un enthousiasme navrant devant des âmes compatissantes et fières, devant des chefs de famille qui répètent, en présence de l'invasion étrangère, ces paroles du vieux Matathias devant les hordes d'Antiochus : « ... J'ai cinq enfants : si quelqu'un a le zèle de la loi, qu'il vienne et qu'il me suive. » N'est-ce pas que, par le cœur, il n'y a parmi nous que des soldats aujourd'hui ?...

Et cependant, il y a des hommes, des Français, des chrétiens qui abusent de ce trésor sacré qu'on appelle le *sang*, et cherchent à le disperser dans des luttes honteuses...

Pendant que le glaive de la France est dégainé frémissant à la frontière et frappe les coups de l'honneur, ils cherchent, eux, dans l'ombre, des poignards qu'ils achètent avec l'argent de l'étranger...

Comme s'il ne leur suffisait pas de voir les flots de la Moselle et du Rhin troublés et rougis par le sang de nos frères... ils aspirent à le répandre lâchement dans les rues de nos cités...

Les monceaux de nos morts, entassés dans les fossés ravis à l'ennemi, ne leur suffisent plus. En face des champs de bataille où tombent nos braves, ils osent rêver ces abominables tueries qu'on appelle des *barricades*

Honte, opprobre, ignominie à ces êtres dégradés et sans nom !... Ils ne sont pas chrétiens, ils ne sont pas Français... ils ne sont pas même des hommes, car ils ont revêtu la nature de la bête, et de quelle bête encore !

Nos braves se battent à la frontière comme des lions. Ils ont choisi pour eux, contre nos propres frères, la férocité stupide du tigre et des hyènes.

Laissons-les à la justice qui les réclame ; mais, en attendant, j'ai regardé comme un devoir de les livrer à vos justes réprobations et au jugement accablant de leurs frères, auxquels ils peuvent faire honte, mais qu'ils n'auront pas la puissance de déshonorer !

V

Je vous ai dit ces choses avec une absolue simplicité, et, je l'avoue, avec une profonde émotion.

Je sentais, d'une part, toute l'importance de la mission qui m'était confiée par ce vénérable pasteur... qu'on retrouva, toujours charitable et patriote, à la tête de tous les mouvements qui ont pour objet l'intérêt des âmes, l'honneur de la cité, l'amour de la France.

Je me sentais surtout en communication d'idées avec ce vaste auditoire. J'étais votre interprète à tous, votre porte-voix fidèle devant ces glorieux enfants.

Ma prière et mon cœur se répandaient à l'unisson des vôtres. Il y avait là de quoi me rendre inspiré ; il y eût eu de quoi me faire éloquent ; j'ai la certitude au moins d'avoir été compris.

Comment sont-ils tombés les *forts* de nos légions : c'était ma première question. *Quomodo ceciderunt fortes?* Comment ? pourquoi ? Vous le savez désormais. Leur vaillance s'est chargée de vous faire la réponse : Ils sont tombés précisément parce qu'ils étaient forts. *Quomodo ceciderunt fortes.* Et dans ce singulier défilé que je viens de faire passer en quelque sorte à pas de charge, devant leur cercueil, ils vous sont simultanément apparus comme la terreur des ennemis, l'exemple de leurs frères, les accusateurs des coupables, la consolation de leurs familles et la gloire de notre armée !

VI

O braves, morts au champ d'honneur, laissez-moi me tourner vers vous en finissant et vous affirmer, en empruntant une parole célèbre, que du haut de cette pyramide qui s'appelle l'histoire, — pyramide bien autrement sublime que celle des Pharaons, — quarante siècles, que dis-je ? tous les siècles vous contemplent. Les siècles militaires du passé dont vous avez au moins égalé la gloire, les siècles courageux de l'avenir dont vous serez l'exemple. Ah! sans doute nous prions encore pour vous, parce que les plus belles vies et les plus consolantes morts ne sont pas affranchies de ces faiblesses humaines qui ont encore besoin d'être purifiées ; mais *la Religion* et *la Patrie* vous environnent de leur plus maternel amour.

La Patrie ! elle est là agenouillée à vos pieds, comme une mère inconsolable et fière... Représentée, dans son unité affectueuse et meurtrie, par toute cette vaste assistance de pères et de mères, de frères, d'amis, de Français, c'est elle qui croise sur vos têtes le drapeau et l'épée : le drapeau que vous avez suivi, l'épée avec laquelle vous avez combattu. Elle les passera de main en main à vos successeurs, à vos fils, jusqu'aux siècles des siècles périssables ; car cette mère est la France, et si ses fils meurent comme vous, la France est immortelle !

La Religion ! je la vois s'avancer des régions de

l'autel vers ce mausolée éclatant : sous l'emblème d'une femme, c'est une mère encore... Que dis-je? c'est une divinité qui vient du ciel pour vous chercher et vous reconduire.

D'une main elle tient un calice et de l'autre une croix, symbole de la vie, symbole de la mort!

« Enfants, » vous dit-elle, « vous avez bu jusqu'à la lie la coupe du devoir, du travail, de l'honneur; vous vous êtes librement étendus sur le gibet de l'immolation et du sacrifice. Dieu est content de vous! »

Vous avez eu l'honneur de *vivre utiles* et l'honneur de *mourir glorieux*.

Regardez maintenant en haut; et, par-delà ce voile que ma main a pour vous déchiré, considérez l'asile du repos éternel! Avec mes anges et avec mes saints, avec mes martyrs et ma Vierge Marie, avec mon Christ, qui est votre Dieu, c'est là que je vous entraine.

La Patrie reconnaissante aura pour vous des colonnes commémoratives, des arcs de triomphe et des inscriptions qui vous rendront célèbres, des

Panthéons fameux et des cantiques nationaux. La Patrie reconnaissante fait bien !

Moi, je vous ouvre aujourd'hui les portes éternelles d'un monde nouveau dans les splendeurs sereines duquel la France de Clovis et de Charlemagne, la France de Duguesclin, de Jeanne d'Arc et de Vincent de Paul sera encore la première des nations glorifiées.

Illustres enfants de l'Armée du Rhin, votre place est dans ces bataillons, triomphants jusqu'à l'éternité ! !

DERNIER RECUEILLEMENT.

Ce livre des *Consolations*, commencé après les premiers désastres de cette lamentable guerre, se trouve terminé en même temps qu'elle.

Je clos la dernière page le jour même où la paix est signée. Paix douloureuse, mais qui n'a de honte que pour nos vainqueurs.

Jamais la France ne fut plus malheureuse, jamais elle n'eut plus besoin d'être *consolée*.

C'est à peine si, devant ces calamités publiques, on songe aux malheurs privés. Les orphelins et les veuves, les mères en deuil elles-mêmes, ne veulent plus verser des larmes que sur la patrie.

Mais une expérience lamentable a dû au moins nous arracher nos dernières illusions. Le secret de notre régénération est là.

Que la France soit donc refaite, refondue, au creuset de cette vaste tribulation.

Je suis de ceux qui croient que l'avenir lui réserve une mission très-glorieuse encore : elle redeviendra elle-même la consécration opérée par son malheur !

Je suis de ceux qui croient que chacun de nous ne doit avoir désormais qu'une pensée à la tête, un sentiment au cœur, une activité aux mains : la régénération française par le droit et par le devoir, par l'honneur et par la vertu; la restauration universelle par la coopération immédiate, continue de tous, absolument de tous, par la fidélité privée et publique à la conscience, à la patrie, à Dieu.

Pour ma faible part, je leur ai promis de ne plus écrire une page, de ne pas prononcer un discours qui ne tendent à ce but.

Dès demain, je commencerai un travail qui aura pour titre : *De l'éducation en France après la guerre.*

Instruire et consoler, rendre meilleurs et plus heureux ses frères, n'est-ce pas ici-bas la plus belle des missions ?

A bientôt donc, ami lecteur.

4 mars 1871.

FIN

TABLE DES MATIÈRES.

I. — Les morts en 1870.	1
II. — Exposition.	7
III. — Consolation.	10
IV. — La vie et la mort.	16
V. — Une belle mort.	25
VI. — La mémoire et les souvenirs.	31
VII. — Regarder autour de soi.	40
VIII. — Vanité des choses humaines.	44
IX. — Les tombeaux.	56
X. — Nature et religion.	62
XI. — Immortalité de l'âme.	67
XII. — Une doctrine de désolation.	78
XIII. — Si vous pouviez croire!	83
XIV. — Les grandes douleurs.	91
XV. — La douleur des grandes âmes.	102
XVI. — A beaucoup de douleurs une consolation.	108
XVII. — Dieu l'a voulu!	118
XVIII. — Exemple d'une belle résignation.	122

XIX. — La douleur en Jésus-Christ.	126
XX. — La croix et le crucifié.	132
XXI. — Le *Crucifix* de Lamartine.	139
XXII. — Comment nous les servons.	145
XXIII. — Opinion de deux grands poètes.	153
XXIV. — Aveu d'un docteur protestant.	161
XXV. — Espérez en Dieu.	166
XXVI. — Espérons pour la France.	175
XXVII. — Ils ressusciteront !	178
XXVIII. — Les ressuscités du Sauveur.	188
XXIX. — Dieu aime nos morts.	195
XXX. — L'armée catholique.	201
XXXI. — L'Eglise souffrante.	209
XXXII. — Donnez Dieu aux vôtres.	218
XXXIII. — Priez pour eux.	226
XXXIV. — La liturgie des trépassés.	233
XXXV. — Le Psautier des affligés.	242
XXXVI. — Le *De Profundis* de la douleur.	246
XXXVII. — L'aumône après la guerre.	253
XXXVIII. — Le pain de vie et le banquet des immortels.	259
XXXIX. — La mère des vivants et des morts.	268
XL. — La rançon des captifs.	278
XLI. — Pensez à vous.	286
XLII. — Les morts sont nos missionnaires.	291
XLIII. — Le son des morts.	299
XLIV. — Pensées d'un illustre consolateur.	304
XLV. — Une bonne mort.	310
XLVI. — Le chrétien mourant.	316

XLVII. — Plus de douleurs ni plus de maux...... 319
XLVIII. — Où vont-ils?............... 323
XLIX. — Nous les retrouverons!........... 332
L. — Appendice. — Allocution funèbre........ 342
Dernier recueillement.................. 361

FIN DE LA TABLE.

Toulouse, imprimerie A. CHAUVIN et FILS, rue Mirepoix, 3.

www.ingramcontent.com/pod-product-compliance
Lightning Source LLC
Chambersburg PA
CBHW050249170426
43202CB00011B/1614